हमारे लोकप्रिय गीतकार

रामकुमार चतुर्वेदी 'चंचल'

वाणी प्रकाशन
21-ए, दरियागंज, नई दिल्ली-110002
फोन : 011-23273167, 23275710, 41562622
फैक्स : 011-23275710
e-mail : vani_prakashan@yahoo.com

हमारे लोकप्रिय गीतकार

रामकुमार चतुर्वेदी 'चंचल'

संपादक

शेरजंग गर्ग

वाणी प्रकाशन का लोगो
विख्यात चित्रकार मकबूल फिदा हुसेन
की कूची से

ISBN : 978-81-8143-532-3

वाणी प्रकाशन
21-ए, दरियागंज, नयी दिल्ली-110002
द्वारा प्रकाशित

प्रथम संस्करण : 2006

मूल्य : 150.00

आवरण : वाणी चित्रांकन

जय भारत प्रिंटर्स, दिल्ली-110032
द्वारा मुद्रित

HAMARE LOKPRIYA GEETKAR
RAMKUMAR CHATURVEDI 'CHNCHAL'
Edited by Sherjung Garg

अनुक्रम

गीतांजलि

कविताँजलि

ग़ज़लें, मुक्तक एवं दोहे

राग और आग के गीतकार रामकुमार चतुर्वेदी 'चंचल'

कविवर रामकुमार चतुर्वेदी ने मुझे 24 अप्रैल 2003 को शिवपुरी से जो पत्र लिखा था वह इस प्रकार है–

बंधुवर,

नमस्कार!

पत्र तथा सूचनाओं के लिए धन्यवाद।

'आकाशवाणी' दिल्ली से अब तक न कोई सूचना मिली है, न कोई चैक पहुंचा है। डॉ. पाल (हरि सिंह) के घर का पता मेरे पास नहीं है। अतः आप ही उन्हें याद दिलाने का कष्ट करें। 'मार्च' की सफाई में चैक आ जाना चाहिए था। शायद कहीं रुकावट में पड़ा होगा।

मई के मध्य में दिल्ली आने का कार्यक्रम बन सकता है। निश्चय होने पर आपको लिखूँगा।

इन दिनों पानी, बिजली और हवा की कमी के साथ-साथ मच्छरों का आक्रमण भी अखिल भारतीय रूप ले चुका है। शेष कुशल है।

भाभी जी को नमन। आशा है कि सपरिवार सानंद होंगे। पत्र की प्रतीक्षा रहेगी।

सप्रेम

रामकुमार चतुर्वेदी

चतुर्वेदी जी के इस पत्र का उत्तर देने का मन बना ही रहा था। साथ ही पता बदलने की सूचना भी देनी थी, इसलिए उत्तर में विलम्ब स्वाभाविक था। बात यह थी कि हम कुछ समय से नौएडा वाला मकान छोड़ कर दूसरे पते पर आने की तैयारी में जुटे थे। सोचा एक बार शिफ्ट कर लें फिर तसल्ली से पत्र लिख देंगे। यों मई में उनसे भेंट होनी ही है।

हम लोगों ने चार मई को अपने सामान के साथ नए मकान में जगह बनाई और छः मई को सुबह बंधुवर राजनारायण बिसारिया का फोन आया। वे कह रहे थे क्या आपको पता है.....नहीं.....बंधुवर दुखद सूचना है। रामकुमार चतुर्वेदी नहीं रहे। कल रात उनका शिवपुरी में देहांत हो गया।

कितना दुखद! कितना अप्रत्याशित! कितना हृदय विदारक! पर विधि की विडंबना! जीवन का अंतिम सत्य। अत्यंत प्यारे, सहृदय मनुष्य, श्रेष्ठ कवि रामकुमार चतुर्वेदी 'चंचल' नहीं रहे।

कुछ ही दिनों पूर्व शायद दिसंबर 2002 के अंतिम सप्ताह में आकाशवाणी के ''आज के अतिथि'' कार्यक्रम में उनका साक्षात्कार प्रसारित हुआ था। साक्षात्कार मैंने ही किया था। उस दिन वे अत्यंद गद्‌गद् भाव से बोले थे। प्रधानमन्त्री निवास पर उनकी नवीनतम पुस्तक ''शंख को टेरती बाँसुरी'' का लोकापर्ण हुआ था। चतुर्वेदी जी ने मुझे निमंत्रण पत्र भिजवाया था। मैं नहीं जा सका था तो इसकी शिकायत भी दर्ज की थी–''बंधु! मैं तो आगंतुकों में आपको ढूँढ़ता ही रहा।''

मैंने क्षमा माँगी और अपनी विवशता बताई तो लोकापर्ण समारोह के सुखद संस्मरण सुनाने लगे। यह भी बताया कि प्रधानमंत्री अटल बिहारी वाजपेई के वह सहपाठी रहे हैं और दोनों ने कविताएँ लिखना लगभग एक साथ शुरू किया था। मैंने कहा कि चतुर्वेदी जी आपको अपने संस्मरण विस्तार से लिख डालने चाहिए। बोले–भाई सच-सच लिख दूँगा तो लोग बहुत-बहुत बुरा मान जाएँगे। मैंने कहा–एक बार लिख तो डालिए। फिर अगर ज्यादा बुरा मानने वाले हों तो ये संपादित भी हो सकते हैं। उन्होंने हामी भर दी थी।

पर वह क्षण नहीं आया। हिंदी का अत्यंत तेजस्वी कवि, प्रखर गीतकार और सहज व्यक्तित्व हमारे बीच से अकस्मात उठकर चला गया। रामकुमार चतुर्वेदी 'चंचल' ने भारत छोड़ो आन्दोलन से प्रेरणा प्राप्त कर के काव्य रचना के क्षेत्र में कदम रखा था। ज़ाहिर है इस आंदोलन के कवि के भीतर राष्ट्रीय जागरण, स्वदेशी को अपनाने, नवयुवकों में प्राण फूँकने और स्वतंत्रता का शंखनाद गुँजाने की भावना थी। इतना ज़रूर है कि 'चंचल' जी वीर रस की ओजस्वी रचनाएँ लिखने के बावजूद प्रेम और समर्पण की रचनाएँ लिखने में भी तल्लीन रहे। उनमें गीतों के सकारात्मक पक्ष को अपनाने का गहरा भाव इन पंक्तियों के लेखक ने देखा है। अपना नवीनतम काव्य संग्रह 'शंख को टेरती बाँसुरी' उन्होंने अपनी पत्नी कनक जी को समर्पित किया है, इन पंक्तियों के साथ :

सहचारी कनक को–

आधी सदी के साथ बीती है
गागर कभी नहीं रीती है
आँसू भरे महाभारत में
गीतों की सेना जीती है

उपर्युक्त समर्पण में आधी सदी का साथ, प्रेम की गागर के भरापूरा रहने का अहसास, फिर जीवन भर के कठिन संघर्षों के बीच रहकर गीतों की सेना का जीतना स्वयं में एक विलक्षण रूपक है। यही 'चंचल' जी की अदम्य जिजीविषा का उद्घोषक है। इतना ही नहीं, ''तुमको रूप का अभिमान, मुझको प्यार का अभिमान'' जैसी पंक्तियाँ लिखने वाले रामकुमार चतुर्वेदी अपना परिचय इन पंक्तियों से देते हैं–

मृत्तिका के पुत्र हैं दीपक हमारा नाम।
ज्योति के संदेशवाही दूत हम अभिराम
स्नेह से भरपूर अंतर, वर्तिका उद्दाम
हम अँधेरे से करेंगे भोर तक संग्राम।

'आँसू भरे महाभारत में, गीतों की सेना जीती है' तथा 'हम अंधेरे से करेंगे भोर तक संग्राम' जैसी पंक्तियाँ रचने वाले रामकुमार चतुर्वेदी 'चंचल' का बांकपन, गीतों के प्रति आस्था और भोर होने तक अंधेरे से संग्राम करते रहने की अदम्य लालसा किसे पसंद नहीं आएँगी? सचमुच यह अंदाज, यह शैली 'चंचल' जी की निजी विशेषताओं के अंतर्गत आते हैं।

रामकुमार चतुर्वेदी 'चंचल' एक मनोहारी गीतकार, ओजस्वी कवि और श्रेष्ठ इंसान तो थे ही, काव्यपाठ की दुनिया में भी उनकी विलक्षणता परम मनोहारी थी। गठा हुआ शरीर, दरमियाना कद, संयत वाणी और शाहिस्ता शैली में काव्यपाठ यह सब उनके तेवर थे। वे श्यामनारायण पांडेय अथवा डॉ. आनंद के समान बहुत ऊँचे स्वर में आह्वान करने वाले नहीं, अपितु शिशुपाल सिंह शिशु, देवराज दिनेश, मेघराज मुकल एवं राधेश्याम प्रगलभ के समान श्रोताओं को अपनी ओजस्वी वाणी के बंधन में बाँधने वाले कवि-गीतकार थे। यही कारण है कि अपने जीवन के पिचहत्तर वर्ष पूरे करने के बावजूद उनके काव्यपाठ की खनक वैसे ही बनी हुई थी। भारत पेट्रोलियम दिल्ली द्वारा आयोजित कवि सम्मेलन में उन्होंने अपनी मार्मिक, ओजस्वी कविता–''छोड़ दूँ आराधना, जयकार करना छोड़ दूँ?'' सुनाई तो उपस्थिति जनसमूह भाव-विभोर हो उठा था। काव्यपाठ समाप्त होने पर चंचल जी जब बैठे तब भी समूचा सभागार तालियों से गूँज रहा था।

इसके बाद न जाने किस संयोजकीय क्रमभंग के कारण मेरा नाम पुकारा गया। मैं चतुर्वेदी जी के काव्यपाठ से पहले ही अभिभूत था। काव्यपाठ करने से पूर्व मैं उनके विषय में ये उद्गार व्यक्त करने से स्वयं को न रोक सका–''चतुर्वेदी जी हमारे बीच श्रेष्ठतम कवियों में एक हैं। उन्होंने देश को जी-जान से प्यार किया है। फिर आज वे अपने देश को प्यार करना क्यों छोड़ दें? मेरा विनम्र निवेदन है कि चतुर्वेदी जी अपने देश को इसी प्रकार प्यार करते रहें ताकि देश को प्यार करने वाले इस कवि पर हम भी अपना प्यार उड़ेलते रहें।'' उल्लेखनीय है कि ये शब्द

सुनकर लिटिल थिएटर ग्रुप, दिल्ली का खचाखच भरा सभागार चतुर्वेदी जी के सम्मान में एक बार फिर तालियों से गूँज उठा था।

चतुर्वेदी जी के काव्यपाठ में एक सुरीली गूँज थी। उनकी संयत भाषा और मोहक शैली बिना सस्वर पाठ के भी एक आन्तरिक संगीत की सृष्टि करती थी। चतुर्वेदी जी के बहुत पुराने साथी कविवर राजनारायण बिसारिया ने होली के अवसर पर उनसे छेड़छाड़ करते हुए बहुत प्यारा-सा मुक्तक लिखा था–

चंचल जवान हैं पचहत्तर साल में
ले जाते हैं सबको वीर गाथा काल में
ऊँचे स्वर, ऊँचे ठाठ, शिवपुरी में काव्यपाठ
करते तो लोग उन्हें सुनते भोपाल में।

यहाँ बिसारिया जी का तात्पर्य कविवर रामकुमार चतुर्वेदी की कविता की उस गूँज से है जो शिवपुरी जैसे कस्बे से निकलर दूरस्थ राजधानी भोपाल तक पहुँच जाया करती थी। कहना होगा कि भोपाल ही क्या, यह गूँज देश की राजधानी दिल्ली में भी लालकिला कविसम्मेलन के ज़रिए लाखों काव्य प्रेमियों तक पहुँची।

रामकुमार चतुर्वेदी को गीत का कवि कहें, विचारवान कवि कहें अथवा ओज का कवि रहें, यह तय कर पाना भी मुश्किल है। प्रेम के गीत लिखने के बावजूद वे लिजलिजी भावुकता के रचनाकार नहीं रहे, ओज की कविताएँ रचने के बावजूद वे मानवतावादी रहे और विचारशील रचनाओं में उनकी संवेदनशीलता सिर चढ़कर बोलती रही। उन्होंने यह बात लगभग प्रथम काव्य संकलन 'धूल का परिचय' की भूमिका में पहले ही स्पष्ट कर दी थी। लगभग प्रथम इसलिए कि 1945 में में "खून की हेली", 1946 में 'प्रथम चरण' और 1947 में हिन्दुस्तान की आग' नामक कृतियाँ प्रकाशित हो चुकी थीं। इनमें से कोई भी संकलन दुर्भाग्यवश सही हाथों में नहीं पहुँचा। शायद इसीलिए कवि ने धूल का परिचय को अपना प्रथम संकलन माना है। और इसी संकलन की भूमिका में चतुर्वेदी जी लिखते है :

"एक निवेदन है। कृपया मेरी रचनाओं में कोई 'वाद' न खोजें। वादों की वात्या से मैं स्वयं को बचाता ही रहा हूँ। 'वाद' मेरी रचनाओं के आगे कभी नहीं चल पाया है। हो सकता है कि अनजाने में कहीं दबे पाँवों पीछे-पीछे आ गया हो। देश और उसके साहित्य के इस संक्रांतिकाल में कवि-कर्तव्य बड़ा कठिन है। जहाँ तक बन पड़ा है, मैंने कलम के प्रति ईमानदारी बरती है। जो बात मन में आई है, निर्भय होकर कही हैं। अभिव्यक्ति की सफाई और भाषा की सादगी का मैं सदा हिमायती रहा हूँ। इसका प्रमाण ये रचनाएँ देंगी।"

सचमुच चतुर्वेदी जी की रचनाएँ इसका पुष्ट प्रमाण देती है। अभिव्यक्ति की सफाई और भाषा की सादगी के मायने में रामकुमार चतुर्वेदी हिन्दी के उन महत्त्वपूर्ण

कवियों की श्रेणी में आते हैं, जिन्होंने अपने श्रोताओं को भाषाई जंजाल में अथवा वादों के मकड़जाल में उलझाए बिना, ऊपर से सपाटबयानी लगने वाली रचनाओं में भी संवेदना और माधुर्य का मोहक संसार रचा है। उनकी कविता का प्राण है आंतरिक रूप से परिपूर्ण अनुभूति को एक ऐसे अंदाज़ में पेश करना जो सभी को अपनी लगे। इस संदर्भ में हिंदी में ऐतिहासिक उपन्यास लेखन के शलाका पुरुष वृन्दावन लाल वर्मा की यह टिप्पणी अत्यन्त सटीक है–''चतुर्वेदी जी वादों के जाल से बहुत दूर है। वह कविता को 'जीवन' के लिए समझते है। जीवन और उसकी उन्मुक्तता पर घायल करने वाले अंकुश नहीं लगाते। उनकी भाषा और भावों की सीधी चुभन, चुस्ती और ओजस्विता का मैं कायल हूँ। उनकी बात समझने के लिए इधर-उधर भटकना नहीं पड़ता। इनकी कविताओं में मनोहर लय है। मुझ सरीखे पाठकों को लयवाली कविताएँ, जिनमें लय के ऊपर कुछ और भी हो, प्रभावशाली लगती है। कुछ मुक्तक भी हैं, पर वे कान में रमने की और जीभ पर बसने की शक्ति रखते हैं, क्योंकि इनके मुक्तकों में भी लय है।''

मुक्तक अर्थात् चतुष्पदियाँ, जिन्हें आमतौर पर रूबाई कहा जाता है। बानगी के तौर पर मैं चतुर्वेदी जी के दो मुक्तक प्रस्तुत करना चाहूँगा, जिनके कारण उनकी लोकप्रियता में अपार वृद्धि हुई है :

जवानी चाँद पर आई हुई मालूम होती है
हवा भी आज मदमाई हुई मालूम होती है
दबी झीनी, गुलाबी, रेशमी मुस्कान ओठों में
किसी की आँख शरमाई हुई मालूम होती है

और

मृदुल उर की लता हिलती हुई मालूम होती है
कली अनुराग की खिलती हुई मालूम होती है
किसी के रूप को दूँ कौन-सी रंगीन उपमा मैं
कि आँचल में शमा जलती हुई मालूम होती है

उक्त मुक्तकों से प्रमाणित होता है कि चतुर्वेदी जी ने आंतरिक और सांगीतिक लय से युक्त सात्विक श्रृंगार के मुक्तक रचकर अपनी काव्य दक्षता एवं रससिद्धता प्रमाणित कर दी है। यह रंग उनके अनेक मुक्तकों में विद्यमान हैं। उनके मुक्तक मात्र श्रृंगार एवं सौंदर्य परक ही नहीं हैं, अपितु इनमें से बहुत से चिंतन परक, विचार प्रधान, नीतियुक्त एवं सूक्ति होने का बोध भी कराते हैं।

रामकुमार चतुर्वेदी 'चंचल' अत्यधिक लोकप्रिय कवि–गीतकार रहे, मगर साहित्यिकता, माधुर्य, छन्द विन्यास और अपेक्षित गंभीरता एवं संवेदनशीलता के लिए

वे हिंदी के बड़े कवियों यथा दिनकर, बच्चन, नरेंद्र शर्मा, शिवमंगल सिंह सुमन और रामेश्वर शुक्ल अचंल की परंपरा को निभाते रहे। लोकप्रियता के नशे में उन्होंने कभी भी 'तालियाँ पिटाऊ' रचनाएँ नहीं सुनाईं। श्रोताओं को लुभाने की नाटकीय कोशिशों से बेखबर इस रचनाकार ने हिंदी कविता के जाने पहचाने सौंदर्य एवं गरिमा को भी धूमिल नहीं होने दिया। वे प्रेम, ओज, राष्ट्रीयता एवं चेतना के प्रबल पैरोकार के रूप में जाने गए।

रामकुमार जी ने कभी स्वयं का मूल्यांकन करके आत्मश्लाघा अथवा आत्मप्रशंसा का दामन नहीं थामा। उन्हें आलोचकों, श्रोताओं और काव्य प्रेमियों पर पूरा भरोसा रहा। 'घटा के घुँघरू' संग्रह की भूमिका में उन्होंने अपनी यह मानसिकता स्पष्टतः व्यक्त कर दी है :

"इधर हिंदी के कुछ तरुण गीतकारों के गीत-संग्रह देखने में आए हैं। इनमें से कुछ मित्रों ने अपनी भूमिकाओं में स्वयम् ही निर्णायक का पद ग्रहण करते हुए नई पीढ़ी के प्रधान गीतकारों के नामों की सूचियाँ घोषित करने का प्रयास किया है। कहना न होगा कि इन सूचियों के द्वारा इन गीतकारों ने अपने दलों पर पड़े हुए आवरणों को ही उठाया है। मेरी दृष्टि में 'गीत' एक पवित्र वस्तु है। हमें उसका दायरा तंग करने का कोई अधिकार नहीं है। किसी कवि विशेष की महानता या हीनता का निर्णय हमें काव्य-प्रेमियों और आलोचकों पर ही छोड़ देना चाहिए। हम नो केवल स्वर-साधना के ही अधिकारी हैं। 'गीत' दिन की धूप और रात की चाँदनी की तरह सबका है। वह किसी व्यक्ति विशेष अथवा दल विशेष की जागीर नहीं। हम उसे 'गीत' कहें अथवा 'प्रगीत' वह काव्य की एक शैली विशेष ही रहेगा। हर दशा में 'आत्म निवेदन' ही उसका लक्ष्य है। फिर विवाद कैसा?"

रामकुमार चतुर्वेदी ऐसे प्रबुद्ध, सजग, राष्ट्रचेता रचनाकार रहे जिन्होंने निजी सुख-दुख से अलग मानवीय पीड़ाओं, परदुःख कातरता, कचोटनेवाली स्थितियों, संघर्ष करते मनुष्य और विडम्बनाशील स्थितियों-परिस्थितियों, अहमान्यताओं को चुनौतियाँ देने आदि को अपनी रचनाओं का विषय बनाया है। प्रेम की कोमल अनुभूतियों को अपनी कलम से उकेरने वाले इस रचनाकार ने यद्यपि कई अनूठे गीत रचे हैं, मगर उनका मूल स्वर राष्ट्रीय चेतना तथा मानवीय वेदना का ही रहा है। 'मशाल कहाँ है?' कविता में चतुर्वेदी जी ने स्वतंत्रता के बाद देश में राजनीति, समाज में व्याप्त आत्ममुग्धताओं को ललकारते हुए अपनी पीड़ा को निम्नांकित वाणी दी है :

रख नहीं सके कमजोर हाथ उसको सम्भाल
हमने तुमको सौंपी थी जो जलती मशाल

तुम व्यस्त हो गए स्वार्थसिद्धि के धन्धों में
सत्ता, कुर्सी, नोटों, वोटों, के फन्दों में

सिद्धियाँ सभी बेमतलब सी हो जाती हैं
पीढ़ियाँ ही जब ऐयाशी में खो जाती हैं

उत्तरदायित्व नहीं तो उत्तर मिले कहाँ?
धरती से अंवर तक केवल जलते सवाल

रख नहीं सके कमजोर हाथ उसको सँभाल
हमने तुमको सौंपी थी जो जलती मशाल

रामकुमार चतुर्वेदी 'चंचल' ने काव्य की विविध शैलियों में, विविध छन्दों में लिखा। उन्होंने दोहे लिखे, कवित्त लिखे, गीत लिखे, लम्बी कविताएँ लिखीं, मुक्त छंद लिखा और ग़ज़लें भी लिखीं। प्रत्येक परिस्थिति में वे कवि ही बने रहे, अपनी जीवन शैली और तेवर में भी। स्वयं उन्होंने ही अपनी एक रचना में यह सवीकार किया है :

बैठने को शिला या कि रत्न जड़ी चौकी मिली
तप ने सदैव मृगछाला से ही मढ़ी है
रात-रात जाग–जाग, दिन-दिन व्यस्त रह
एक स्वर्ण-मूर्ति वीणा-वादिनी की गढ़ी है
सत्य शिव सुंदर के ध्यान में न सोचा कभी
तालियों की नदी उतरी है या कि चढ़ी है
राजपथ छोड़ पगडंडियाँ न खोजीं कभी
कविता ही लिखी और कविता ही पढ़ी है।

सचमुच रामकुमार चतुर्वेदी कविता ही लिखने और कविता ही पढ़ने के एक जीवंत उदाहरण रहे हैं।

रामकुमार चतुर्वेदी ने कविता का दामन अपनी किशोर अवस्था में ही थाम लिया था। उनका 'चंचल' उपनाम उनके चांचल्य नहीं, अपितु गांभीर्य एवं ओजस्विता का प्रतीक बना। रामकुमार चतुर्वेदी 'चंचल' ने नीति और नैतिकता को तो अपनाया मगर राजनीति से कभी नहीं जुड़े। यों स्वभावतः वे प्रगतिशील रहे, जिसकी बानगी उनकी अनेक रचनाओं में मिलती है। साठ वर्षों तक समूचे देश के बड़े कवि सम्मेलनों में काव्यपाठ करने के साथ ही उन्होंने लालकिले के मंच से दर्जनों बार काव्यपाठ किया। उनकी कविता की अनुगूँज उन नगरों और कस्बों में भी पहुँची जहाँ वे कभी काव्यपाठ के लिए नहीं जा सके। आकाशवाणी से प्रसारित उनका यह गीत अनेक युवा कंठों द्वारा झूम-झूम कर गाया गया :

हमारी आँख से आँसू ढुलकते हैं
कहीं पर गीत गाए जा रहे होंगे
बिना तम के हमारा घर अंधेरा है
कहीं उत्सव मनाया जा रहा होगा
कहीं दीपक जलाए जा रहे होंगे

पराया हो गया जिसको कहा अपना
पराया है हमारी आँख का सपना
रचाकर हाथ में मेंहदी, पराए भी
कहीं अपने बनाए जा रहे होंगे।

इस गीत में व्यक्त प्रेमिल अनुभूतियों की अभिव्यक्ति अनेक युवा हृदयों की पीड़ा का अनुवाद बन गई थी। इसी प्रकार उनके मुक्तकों को भी गाहे बगाहे उद्धृत होते हुए देखा जा सकता है। कहना होगा कि चंचल जी के मुक्तकों में रूप सौंदर्य, मादकता एवं प्रेम की त्रिवेणी प्रवाहित होती दिखाई देती है। प्रेमानुभूति के शिखर का स्पर्श करने वाले उनके गीतों की निम्नांकित पंक्तियाँ इस तथ्य का प्रमाण हैं कि उनमें गीत के अनुशासन का पालन करते हुए भी समर्पण की अभिव्यक्ति का कितना सहज कौशल विद्यमान है :

तुम्हें आज अपना हृदय दे रहा हूँ
हृदय दे रहा हूँ, प्रणय दे रहा हूँ

मनुज पर यहाँ काल का है नियन्त्रण,
किसी भी घड़ी टूट सकता प्रभंजन।
कि हर नाव चलती यहाँ डगमगाती,
हिलोरें उठा कर बुलाता विसर्जन।

नहीं जिन्दगी का ठिकाना घड़ी भर,
तुम्हें पर, मिलना का समय दे रहा हूँ।
तुम्हें आज अपना हृदय दे रहा हूँ
हृदय दे रहा हूँ, प्रणय दे रहा हूँ

इतना ही नहीं, चतुर्वेदी ने अनेक लंबी कविताएँ, मुक्त छन्द की कविताएँ एवं मानवीय, राष्ट्रीय संदर्भों की कविताएँ लिखी हैं। इन कविताओं में चुनौती एवं प्रश्नवाचकता है जो उनके बड़े कवि होने का प्रमाण है। संभवतः यह कहना भी मुश्किल है कि रामकुमार चतुर्वेदी 'चंचल' पहले गीतकार थे अथवा मानवीय सरोकारों को अपने अनूठे अंदाज में उकेरने वाले एक ऐसे प्रबंध कवि जिन्होंने विधिवत प्रबंध

काव्य भले ही न लिखा हो, मगर जिनकी कविताओं में प्रबंधात्मकता के गुण पूर्णतः मौजूद हैं।

संक्षेप में कहें तो रामकुमार चतुर्वेदी 'चंचल' आज के समय के एक महत्त्वपूर्ण गीति कवि हैं जिन्होंने बच्चन, नेपाली, रंग, नीरज, रामावतार त्यागी और वीरेंद्र मिश्र जैसे लोकप्रिय कवियों की परंपरा को आगे बढ़ाते हुए गहन अनुभूतियों के गीत रचे और संवेदन के स्वरों का स्पर्श करने वाली कविताएँ लिखीं। वे ओज, सोज़, लय के एक मनोरम कवि के रूप में सदैव याद किए जाएंगे।

—शेरजंग गर्ग

एच-43 (भूतल)
साउथ एक्स-I
नई दिल्ली-110049

गीतांजलि

चाँद सारी रात मुसकाया

थी उमड़ते प्यार जैसी चाँदनी छाई हुई,
था गगन मदहोश-सा थी भूमि अलसाई हुई!
हट गया सहसा अधर से जाम अधरों का मधुर;
जो नशा सब रात था छाया, सबेरे ढल गया!
चाँद सारी रात मुसकाया,
सबेरे ढल गया!

रूप की पूनम बसी थी आँख के आकाश में,
मैं बँधा था दो गुलाबी बाहुओं के पाश में!
इन्दु को लखकर उठा जो ज्वार उर के सिन्धु में,
हाय, सारी रात लहराया, सबेरे ढल गया!
चाँद सारी रात मुसकाया,
सबेरे ढल गया!

स्वप्न सहसा तोड़ डाला भैरवी की तान ने,
ली विदा मुखसे किसी की रेशमी मुसकान ने!
ओस का मोती कली के मखमली-से गाल पर–
जो कि सारी रात इठलाया, सबेरे ढल गया!
चाँद सारी रात मुसकाया,
सबेरे ढल गया!

लहरों की रानी

कुछ मेरे मन की भी सुनजा, ठहर, अरी, लहरों की रानी

किधर चली तू नीली-नीली लहरों के ये जाल बिछाती?
हो जैसे कोई युवती अपने श्यामल कुंतल लहराती!
किधर चली पाषाण-उरोजों पर फेनिल कंचुकी सजाती?
किधर चली कल-कल-कल गाती? किधर चली पायल छमकाती?
किधर चली जल-मुक्ताओं के चम-चम करते हार सजाए?
किधर चली तू दो कूलों के दीवाने भुजपाश बढ़ाए?

कभी सिसकती, कभी तड़पती, कभी मचलती, कभी उमड़ती
तुझसे ही मिलती-जुलती है यह मेरी नादान जवानी
कुछ मेरे मन भी सुनजा, ठहर, अरी, लहरों की रानी

नगर, ग्राम, वन में तू बहती, नगर, ग्राम, वन में मैं घूमा
तू पाषाणों से टकराती, मैंने वज्रों का मुँह चूमा
तू एकाकी बहती है तो मैं भी चलता हूँ एकाकी
अरी, बहुत मिलती मेरे-तेरे भावुक प्राणों की झाँकी
तू चलती अपनी धारा में कितने ही सैलाब दबाए
मैं चलता अपनी साँसों में कितने ही तूफ़ान छिपाए

तेरी पीर तुझी तक सीमित, मेरा दर्द मुझी तक सीमित
तेरी धारा में पानी तो है मेरी आँखों में पानी
कुछ मेरे मन की भी सुनजा, ठहर, अरी, लहरों की रानी

मानिनि, तूने नहीं किसी के आगे अपना हाथ बढ़ाया
मैंने भी तो नहीं किसी के आगे अपना शीश झुकाया
तूने ताप सहा है लेकिन दुनिया को जलदान किया है
मानवता के लिए, अरी, मैंने पग-पग बलिदान दिया है
तूने पानी का वर पाया, मैंने वाणी का वर पाया
तू यदि सिसक-सिसक हँसती है, मैंने भी रो-रोकर गाया

आ, क्षणभर के लिए गले मिलकर मेरे सँग रोले, गाले,
'प्यार' जिसे कहते, हम दोनों ने ही की है वह नादानी
कुछ मेरे मन की भी सुनजा, ठहर, अरी, लहरों की रानी

जबसे आया हूँ तेरे इस एकाकी पथरीले तट पर
कितनी छाँहे, कितनी किरणें, घूम गईं नयनों के पट पर
कितनी सुधियाँ जागी हैं नावों के उड़ते पाल देखकर
कितनी लहर उठी है छाती ये लहरों के जाल देखकर
काँपा हूँ तट की गोदी में जलपरियों की माल देखकर
सिहर उठा हूँ तेरी धारा में अपना कंकाल देखकर

तेरा प्रियतम सिंधु, कि उसके जल जैसे ये आँसू खारे
कर इतना सत्कार कि इनको मत यों ही ठुकरा, कल्याणी
कुछ मेरे मन की भी सुनजा, ठहर, अरी, लहरों की रानी

यह पूनम की रात, चाँद के नीचे तेरा वक्ष खुला है
धरती पर रूपा बिखरा है, चाँदी से आकाश धुला है
मैं नौका में मौन, कि मेरे उर-अंतर में पीर जगी है
मेरी आँखों में जीवन की पूनम की तस्वीर जगी है
मेरी देहधारिणी पूनम इस पूनम से भी गोरी है।
वह है मुझ से दूर कि जीवन अब तो सुधियों की डोरी है

लहरों के उर पर दीपों-से झूल रहे हैं चाँद-सितारे
यों ही दीप बहाती होगी वह मेरी विरहिन दीवानी
कुछ मेरे मन की भी सुनजा, ठहर, अरी, लहरों की रानी

लपट और लहर

गीत के स्वर में लपट भी
गीत के स्वर में लहर भी!
भावनाओं से विनिर्मित
गीत का उद्गम हृदय है,
और मानव के हृदय में
कुछ प्रलय है, कुछ प्रणय है!
एक क्षण उच्छ्वास का
तो दूसरा उल्लास का है,
एक क्षण पतझार का तो
दूसरा मधुमास का है!
आग-पानी से विनिर्मित
ज़िन्दगी है इसलिए ही,
गीत के स्वर में लपट भी
गीत के स्वर में लहर भी!

बन्दी है नीलाकाश तुम्हारे नयनों में!

मणिक मदिरामय दो नीलम के प्याले हैं,
या खिले चाँद में दो गुलाब मतवाले हैं!
अथवा प्राची को छोड़ बस गया है आकर—
ऊषा-बाला का हास तुम्हारे नयनों में!

हैं झूम रहीं अधिखिली कमल की दो कलियाँ,
दो श्याम पुतलियाँ हैं चञ्चल मधुपावलियाँ!
हर चितवन में छवि की, यौवन की, धूम लिए
है झूम रहा मधुमास तुम्हारे नयनों में!

उन नयनों से मिलकर खो जाते हैं लोचन
बरबस बँध जाया करते हैं रसिकों के मन!
काजल की झीनी-सी अनियारी रेखा है
या है मन्मथ का पाश तुम्हारे नयनों में!

वे दो आँखें कजरारी हैं, रतनारी हैं,
वे मतवाली पलकें कुछ भारी-भारी हैं!
सौ बार कि जिस पर तृप्ति निछावर हो जाए,—
देखी हैं ऐसी प्यास तुम्हारे नयनों में!

वे दो आँखें कुछ खोई-खोई रहती हैं,
पंकज पाँखें शबनम से धोई रहती हैं,
बस गई जगारों की बेसुध लाली बनकर—
किससे मिलने की आस तुम्हारे नयनों में!
बंदी है नीलाकाश तुम्हारे नयनों में!

कैसे कहूँ?

कैसे कहूँ–'अनजान हो'!
मैंने तुम्हें इस राह पर देखा, प्रथम ही बार है
लेकिन घटा जैसा, उमड़ आया हृदय में प्यार है
पग थम गए हैं राह पर, हैं थम गए तुम पर नयन
सहसा हृदय की डाल पर हैं खिल गए सौ-सौ सुमन
परिचय हुआ तो राम ही जाने कि होगा हाल क्या
परिचय बिना ही बन गईं जब प्राण की तुम प्राण हो!
कैसे कहूँ–'अनजान हो'!

तुमने मुझे देखा कि जैसे चंचला मुस्का गई
भूली हुई-सी बात कोई याद जैसे आ गई
लगता कि तुम सौ जन्म से मेरे हृदय की पीर हो
आँखें जिसे थीं खोजती तुम तो वही तस्वीर हो
देखा प्रथम ही बार है, लेकिन मुझे तो लग रहा
सौ जन्म की जानी हुई मुख पर लिए मुस्कान हो
कैसे कहूँ–'अनजान हो'!

मृदु केश वे आषाढ़ की पहली घटाओं-से सघन
मधु-वृष्टि की आशा बँधाते, पर बढ़ाते हैं तपन
यह मुख कि जैसे चाँद-सूरज की छटा का सार ले

विधि ने बनाया है निखिल मधुमास का शृंगार ले
यह देह जैसे ओस, मधु, फूलों-भरी चंचल लता
यह गति कि जैसे मंद सौरभ से भरा पवमान हो
कैसे कहूँ—'अनजान हो'!

ये दो नयन जैसे कि सारी सृष्टि का जादू लिए
हों दो कमल की पँखुरियों में जल रहे छवि के दिए
यौवन की जैसे देह धर आई शरद की चाँदनी
लज्जा कि जैसे मेघ में लिपटी हुई सौदामिनी
मस्ती कि ज्यों हरिताभ वन में दूधिया झरना बहे
वाणी कि बौरे झुरमुटों में कोकिला की तान हो
कैसे कहूँ—'अनजान हो'!

उपमान देता हूँ, मगर उपमान मिलता ही नहीं
अनुभूति को अभिव्यक्ति का वरदान मिलता ही नहीं
तुमने मुझे देख कि तुम भी देखती ही रह गईं
पलकें उठीं, पलकें गिरीं, गाथा युगों की कह गईं
दो प्रश्नवाचक चिन्ह आपस में गुँथे-से जा रहे
मैं भी खड़ा हैरान हूँ, तुम भी खड़ी हैरान हो
कैसे कहूँ—'अनजान हो'!

तुम्हें आज अपना हृदय दे रहा हूँ,

तुम्हें आज अपना हृदय दे रहा हूँ
हृदय दे रहा हूँ प्रणय दे रहा हूँ

रगों में सुरा-सिंधु की है रवानी!
महकती हुई है चमन-सी जवानी!
कली ने मुझे मुस्कुराना सिखाया,
मधुप ने सुनाई प्रणय की कहानी!
तभी तो सुलगते हुए दोपहर में
तुम्हें आज शीतल मलय दे रहा हूँ।

कठिन है यहाँ प्यार का प्रण निभाना,
कठिन है हृदय के अहम् को मिटाना!
नहीं जानती है, मगर मूढ़ दुनिया,
लुटाए न लुटता हृदय का खजाना।
युगों की पराजित धरा पर खड़ा हो
तुम्हें आज अपनी विजय दे रहा हूँ।

मनुज पर यहाँ काल का है नियन्त्रण
किसी भी घड़ी टूट सकता प्रभंजन।
कि हर नाव चलती यहाँ डगमगाती,
हिलोरें उठाकर बुलाता विसर्जन!
नहीं जिन्दगी का ठिकाना घड़ी भर,
तुम्हें पर, मिलन का समय दे रहा हूँ!
तुम्हें आज अपना हृदय दे रहा हूँ!

तुम्हारे द्वार नही आऊँगा

मैं आज तुम्हारे द्वार नहीं आऊँगा
यह मस्त चाँदनी तुम्हें बुला लाएगी।

रजनीगन्धा की पाँखें थिरक रही हैं,
चम्पा की खिलती कलियाँ महक रही हैं!
झोंको ने इतनी मादक सुरा पिलादी
नभ के तारों की आँखें झपक रही हैं!
जिसकी अँगड़ाई से सागर लहराता,
दूधिया यामिनी तुम्हें बुला लाएगी!

चन्दा बिंदिया पर चम-चम-चम चमकेगा,
किरणें गोरी काया को दुलराएँगी,
मदमस्त हवाएँ अलकों को बिखराकर
भोली-भाली साँसों को बहकाएँगी!
कोयल की बोली नींद चुरा भागेगी,
कामना-कामिनी तुम्हें बुला लाएगी!

यमुना की लहरों पर शशि ने किरणों से
मेरे मन मादक बातें लिख दी हैं!
वृक्षों ने है पत्तों की सेज बिछादी,

लतिकाओं ने उस पर कलियाँ रख दी हैं!
सूने तट पर मैं वंशी बजा रहा हूँ,
रंगीन रागिनी तुम्हें बुला लाएगी!
मैं आज तुम्हारे द्वार नहीं आऊँगा,
यह मस्त चाँदनी तुम्हें बुला लाएगी!

जो अपनी तस्वीर बनाई

जो अपनी तसवीर बनाई,
वह तसवीर तुम्हारी निकली!

जब-जब अपना चित्र बनाया,
तब-तब ध्यान तुम्हारा आया!
मन में कौंध गई बिजली-सी,
छवि का इन्द्रधनुष मुसकाया!
सुख की एक घटा-सी छाई,
भीग गया जीवन आँगन-सा,
घूम गई कूँची दीवानी, हर रेखा मतवारी निकली!
जो अपनी तसवीर बनाई
वह तसवीर तुम्हारी निकली!

मेरा रूप तुम्हारा निकला,
मेरा रंग तुम्हारा निकला,
जो अपनी मुद्रा समझी थी,
वह तो ढंग तुम्हारा निकला!
धूप और छाया का मिश्रण
यौवन का प्रतिबिम्ब बन गया,
होश समझ बैठा था जिसको, वह रंगीन खुमारी निकली!

जो अपनी तसवीर बनाई,
वह तसवीर तुम्हारी निकली।

मैंने बार-बार झुँझलाकर
रंग बदले, आकृतियाँ बदलीं,
जो नव आकृतियाँ अंकित कीं—
वे भी, प्राण! तुम्हारी निकलीं!
अपनी प्यास दिखाने मैंने
रेगिस्तान बनाना चाहा,
पर तसवीर हुई जब पूरी, फागुन की फुलवारी निकली!
जो अपनी तसवीर बनाई,
वह तसवीर तुम्हारी निकली!

तुम से भिन्न कहाँ जग मेरा?
तुम से भिन्न कहाँ गति मेरी?
तुम से भिन्न स्वयम् को समझा,
बहक गई कितनी मति मेरी!
मेरी शक्ति तुम्हीं से संचित,
मेरी कला तुम्हीं से प्रेरित,
जिसको मैं अपनी जय समझा, वह तो तुमसे हारी निकली!
जो अपनी तसवीर बनाई,
वह तसवीर तुम्हारी निकली!

दो दिन ठहर जाओ

तुम्हें मधुमास की सौगन्ध है
दो दिन ठहर जाओ!

अभी ही तो लदी है आम की डाली,
अभी ही तो बही है गन्ध मतवाली;
अभी ही तो उठी है तान पंचम की,
लगी अलि के अधर से फूल की प्याली!
दिए कर लाल जिसने गाल कलियों के—
तुम्हें उस हास की सौगंध है, दो दिन ठहर जाओ!

हृदय में हो रही अनजान-सी धड़कन,
रगों में बह रही रंगीन-सी तड़पन!
न जाने किस लिए है खो गई सुधबुध,
न जाने किस नशे में झूमता है मन!
छलकती है उनींदे लोचनों से जो,—
तुम्हें उस प्यास की सौगन्ध है, दो दिन ठहर जाओ!

ठहर जाओ, न उमड़ा प्यार ठुकराओ,
न मेरे प्राण का उपहार ठुकराओ!
उधर देखो, लता तरु से लिपटती है
न यह बढ़ता हुआ भुजहार ठुकराओ!

तुम्हें है आन धरती और सागर की,
तुम्हें आकाश की सौगन्ध है, दो दिन ठहर जाओ!
तुम्हें मधुमास की सौगन्ध है, दो दिन ठहर जाओ!

रूप का अभिमान

तुमको रूप का अभिमान,
मुझको प्यार का अभिमान!

तुम हो पूर्णिमा साकार,
मैं हूँ सिन्धु-उर का ज्वार!
दोनों का सनातन मान,
दोनों का सनातन प्यार!
तुम आकाश, मैं पाताल,
तुम खुशहाल, मैं बेहाल;
तुमको चाँदनी का गर्व, मुझको ज्वार का अभिमान!
तुमके रूप का अभिमान
मुझको प्यार का अभिमान

मुझको तो नहीं मालूम
किसी दिन बँध गए थे प्राण,
कैसे हो गई पहचान,
तुम अनजान, मैं अनजान?
तुम संगीत की रसधार,
मैं हूँ दर्द का भण्डार;
वीणा को कहाँ मालूम टूटे तार का अभिमान!

तुमको रूप का अभिमान,
मुझको प्यार का अभिमान!

तुम हो देवता सुकुमार,
मैं हूँ आरती का दीप,
यों तो दूर हैं हम, प्राण!
फिर भी आठ याम समीप!
तुमको चूमती मुसकान,
मेरे घुल रहे हैं प्राण,
तुमको जीत का उन्माद, मुझको हार का अभिमान!
तुमको रूप का अभिमान,
मुझको प्यार का अभिमान!

मिट्टी में मिलें चुपचाप,
फूलों की यही तकदीर!
पहनें आँसुओं के हार
भूलों की यही तक़दीर!
तुमको होश, मैं बेहोश,
तुम निर्दोष, मेरा दोष,
जानेगा मरण का सिन्धु जीवन-धार का अभिमान!
तुमको रूप का अभिमान,
मुझको प्यार का अभिमान!

अर्थहीन बातें

कैसे बतलाऊँ मैं,
कैसे समझाऊँ मैं,
अर्थहीन बातों में अर्थ हुआ करता है!

मोगरे महकते हैं रजनी के बालों में,
चन्द्रमा उलझाता है– सूनी तरु-डालों में।
फागुनी हवाओं में अनदेखे झरते जो–
पतझर के पातों में अर्थ हुआ करता है!

बाहर सन्नाटा हो, भीतर सूनापन हो,
अपना मन जबकि बना अपना ही दरपन हो!
पलकें झप जाएँ पर नींद नहीं आती हो,
ऐसी भी रातों में अर्थ हुआ करता है!

मरुथल में टूट रही धारों को मोड़ना,
खँडहर की छाँह बैठ काँकरियाँ जोड़ना।
फूलों को नोंच-नोंच, तिनकों को तोड़ना,
ऐसी भी घातों में अर्थ हुआ करता है!

आहट-सी आती है झोंको की चाल की,
बड़ी दूर चली गई लहरों की पालकी!
गीलापन शेष रहा तट के पाषाणों पर,
क्षणभंगुर नातों में अर्थ हुआ करता है!

उत्तर नहीं मिला

कड़ी धूप झेली दुपहर की, तरुवर नहीं मिला।
मरु में भटक-भटक हारे पर निर्झर नहीं मिला॥

क़स्बे, ग्राम, नगर आए थे कितने राहों में,
कोई हमको बाँध न पाया अपनी बाँहों में।
झोंपड़ियाँ दुख में डूबी थीं, घर संघर्ष भरे,
सामन्ती अभिमान लिए थे महल निगाहों में।
शायद हम भी ठहर राह की थकान भुला लेते,
अपनेपन की गन्ध जहाँ हो—वह घर नहीं मिला।

यों अपने भी कितने सारे संगी-साथी थे,
पर उने दिल बुझे हुए दीपक की बाती थे।
झूठी हँसी, मित्रता झूठी, झूठे वादे थे,
बह जाने वाले सारे रिश्ते बरसाती थे।
नफ़रत तो नफ़रत, लोगों ने प्यार छिपाया था,
हम जिस पर विश्वास लुटाते—वह स्वर नहीं मिला।

क्षमता से ज़्यादा अपना संघर्ष महान रहा,
दर्द मिला जिनसे—उनको गीतों का दान रहा।
धन-सम्पत्ति, शक्ति या यश की साधें नहीं रहीं,

यह जीवन तो सिर्फ प्यार का अनुसंधान रहा।
मन्दिर-मन्दिर फूल चढ़ाकर पाहन पूज लिए,
सुन्दर से सुन्दर प्रतिमा में ईश्वर नहीं मिला।

जीतों का अभिमान, हार का ग़म भी नहीं किया,
मुश्किल में मुखड़ा आँसू से नम भी नहीं किया।
हम मानव ही रहे, दनुजता पास न आने दी,
लेकिन कभी देव बनने का भ्रम भी नहीं किया।
हमने उत्तर दिए उम्र-भर सबके प्रश्नों के,
हमने प्रश्न किया तो हमको उत्तर नहीं मिला।

सो नहीं जाना अभी

सो नहीं जाना अभी
मेरी कहानी चल रही है

काल की बहती हवा में
छाँह आँचल की हटाकर,
मत बुझा जाना प्रणय की आरती जो जल रही है!

भाग्य के नभ में अँधेरा
ही अँधेरा रह न सकता,
है छिटकने को, घटा में चाँदनी जो पल रही है!

तुम मिलीं मुझको कि मेरा
हौसला बढ़ने लगा है,
बेबसी सारी ढुलकते आँसुओं में ढल रही है!

है किया तुम पर अटल
विश्वास मैंने उस जगत में—
साँस अपनी ही कि जिसमें ज़िन्दगी को छल रही है!

मौन सो जाना कि मेरी
बीन के जब तार टूटें,
पर अभी तो बीन है, मैं हूँ, रवानी चल रही है!
सो नहीं जाना अभी
मेरी कहानी चल रही है।

पीर पुरानी है लेकिन

यह पीर पुरानी है, लेकिन
फिर भी लगती है नई-नई!

मैं वह मानव, संघर्षों में
बीता जिसका कर्मठ जीवन,
संकोच बिना ही तोड़ दिए
जिसने जग के सौ-सौ बन्धन!
पर, तोड़ न पाया मैं बन्धन,
तुमने जब बाँहों में बाँधा,
तुम बिछुड़ी, वे बाँहें बिछुड़ीं,
बिछुड़ा न मगर वह आलिंगन!
निर्मोही पग बढ़ते आगे,
ममतामय मन खिंचता पीछे,
ज़ंजीर पुरानी है. लेकिन फिर भी लगती है नई-नई!
यह पीर पुरानी है, लेकिन फिर भी लगती है नई-नई!

मदिरालय राख हुआ फिर भी
पीने को मन ललचाता है!
उर के घावों को अब खुद ही
सीने को मन ललचाता है!

निश्चित है, तुम न मिलोगी, पर,
मिलने की है उम्मीद लगी,
मुर्दे से बदतर हूँ, फिर भी
जीने को मन ललचाता है!
अब तक सारे संबल छूटे,
अब तक सारे सपने टूटे!
तक़दीर पुरानी है, लेकिन, फिर भी लगती है नई-नई!
यह पीर पुरानी है, लेकिन, फिर भी लगती है नई-नई!

उर में हो तुम युग से, लेकिन,
लगता है उर आबाद नया,
दीवाने सागर को जैसे
लगता है हर दिन चाँद नया!
मैं भूल गया सारी दुनिया,
पर, भूल नहीं पाया तुमको,
मधुपान किए युग बीत गए,
लगता है पर उन्माद नया!
श्रृंगार तुम्हारा युग-युग से
बसता है मेरे नयनों में,
तसवीर पुरानी है, लेकिन, फिर भी लगती है नई-नई!
यह पीर पुरानी है, लेकिन, फिर भी लगती है नई-नई!

हमारी आँख से आँसू

हमारी आँख से आँसू ढुलकते हैं
कहीं पर गीत गाए जा रहे होंगे!

बिना तम के हमारा घर अँधेरा है,
अँधेरा प्राण में, बाहर अँधेरा है!
कहीं उत्सव मनाया जा रहा होगा,
कहीं दीपक जलाये जा रहे होंगे!

हमारा स्वर रुँधा है, गीत छूटे हैं,
हमारी बीन के सब तार टूटे हैं!
कहीं शहनाइयाँ मदमा रही होंगी
कहीं नूपुर बजाये जा रहे होंगे!

किसी ने साथ चलकर राह छोड़ी है,
किसी ने प्यार की सौगन्ध तोड़ी है,
हमारी आस की दुनियाँ उजड़ती है
कहीं सपने सजाये जा रहे होंगे!

पराया हो गया जिसको कहा अपना,
पराया है हमारी आँख का सपना!
रचाकर हाथ में मेंहदी, पराए भी
कहीं अपने बनाए जा रहे होंगे।

बदला-बदला व्यवहार

हर चीज बदलने वाली है यों तो लेकिन,
बदला-बदला व्यवहार तुम्हारा खलता है।

जाने-अनजाने ही बंध जाया करते हैं
दुर्बलता होती है दीवाने प्राणों में,
दर्दों का बोझा छोड़ मौन चल देते हैं,
आदत यह होती है मन के मेहमानों में।
भोले हाथों लुट जाने की कल्पना न थी,
चलने को तो सब कुछ दुनिया में चलता है।
बदला-बदला व्यवहार तुम्हारा खलता है॥

तुमसे क्या जोड़ा नेह, निमन्त्रण दे डाला,
मैंने सौ-सौ आँधियों और तूफानों को,
हर साँस जलन का लिखती है इतिहास नया,
कैसे भूलूँगा मैं इतने अहसानों को।
नन्हे सिरपर अंधियारे का पर्वत लेकर—
अब तक मेरा जीवन दीपक-सा जलता है।
बदला-बदला व्यवहार तुम्हारा खलता है॥

है बहुत दिनों की बात कि गौरी गंगा ने,
डाला अपना भुजहार हिमालय के उस पर।

लेकिन देखा दो दिन में चाँद-सितारों में–
चल पड़ी अकारण ही वह रूठी-सी मुड़कर।
निष्ठुर गंगा सागर से मिलने चली गई,
लेकिन अब तक निर्दोष हिमालय घुलता है।
बदला-बदला व्यवहार तुम्हारा खलता है॥

जो मेरे साथ हुई घटना या दुर्घटना,
वह नई नहीं, सदियों से होती आई है।
हिमगिरी ने गंगा से, सागर ने चन्दा से,
अपराध बिना ही घोर यातना पाई है।
जितना गहरा विश्वास प्यार दिखलाता है,
उतना ही ज्यादा रूप प्यार को छलता है।
बदला-बदला व्यवहार तुम्हारा खलता है॥

पूछो मत मेरी बात, प्यार की गलियों के,
मुझको कंकड़-पत्थर भी प्यारे लगते हैं।
सुधियों के नीले अम्बर पर बिखरे-बिखरे,
मुझको अपने आँसू भी तारे लगते हैं।
बन गई तुम्हारी शक्ति तुम्हारी निठुराई,
मेरी भावुकता ही मेरी दुर्बलता है।
बदला-बदला व्यवहार तुम्हारा खलता है।

किसे ज़िन्दगी का सहारा समझ लूँ?

गगन में दमकते करोड़ों सितारे,
घड़ी भर चमककर छिपेंगे बिचारे;
रहा घूम कोई, रहा टूट कोई,
किसे लोचनों का सितारा समझलूँ?
किसे ज़िन्दगी का सहारा समझलूँ;

जलधि में कई द्वीप जो दिख रहे हैं,
सभी काल की धार से कट रहे हैं।
यहाँ भी हिलोरें, वहाँ भी हिलोरें,
बतादो, कहाँ मैं किनारा समझलूँ?
किसे ज़िन्दगी का सहारा समझलूँ?

अभी तृप्ति के पल, अभी प्यास के क्षण,
अभी अश्रु के तो अभी हास के क्षण!
मिला साथ विष का, सुधा का निमन्त्रण,
मुझे आज किसने पुकारा समझलूँ?
किसे ज़िन्दगी का सहारा समझलूँ?

अभी फूलमाला, अभी शूलमाला,
अभी स्वर्ग, नन्दन, अभी नर्क-ज्वाला,
अभी डोलियाँ हैं, अभी अर्थियाँ हैं,

बता दो, कहाँ मैं गुजारा समझलूँ?
किसे ज़िन्दगी का सहारा समझलूँ?

धरा घूमती है, गगन उड़ रहा है,
न जाने किधर यह जलधि बढ़ रहा है।
मुझे छोड़कर साँस तक जा रही हैं,
बता दो, किसे मैं दुबारा समझ लूँ?
किसे ज़िन्दगी का सहारा समझ लूँ?

उदास पथ

उदास पथ निहारते हुए
समय निकल गया।

गगन सहन न कर सका
विदग्ध भूमि की व्यथा,
पपीहरा पुकारने लगा
कि छा गई घटा।
उधर लगी मधुर झरन
इधर हुए सजल नयन,
विफल तुम्हें पुकारते हुए समय निकल गया।

समुद्र क्षार था, परन्तु
चाँद माँगने लगा;
लहर उठी, परन्तु चाँद
दूर भागने लगा।
हजार बार सिर धुना,
हजार बार चुप हुआ,
कि भूल को सुधारते हुए समय निकल गया।

न छाँह सत्य की मिली,
मगर न स्वप्न कम हुए,
हजार बार मृग बढ़ा,

हजार बार भ्रम हुए।
न मान नीर का घटे,
न शीश प्यास का झुके,
सदा यही विचारते हुए समय निकल गया।

अनन्त दाह प्राण का
अभिन्न मीत हो गया,
हरेक अश्रु प्यार का
पुनीत गीत हो गया।
हरेक राग चाहता रहा
कि तुम सुनो, मगर–
सितार ही सँवारते हुए समय निकल गया।

हरेक फूल आयु का
असीम भक्ति से चढ़ा,
पवित्र मन्त्र प्यार का
हरेक साँस ने पढ़ा।
हृदय हविष्य-सा जला,
नयन प्रदीप बन गए,–
कि आरती उतारते हुए समय निकल गया।
उदास पथ निहारते हुए
समय निकल गया।

किनारा कौन माँगे?

बाहुओं में भर रहा हूँ मैं हिलोरों की रवानी,
है हिलोरों से बहुत मिलती हुई मेरी जवानी!
जन्म है उठती लहर-सा, है मरण गिरती लहर-सा,
ज़िन्दगी है जन्म से लेकर मरण तक की कहानी!
चूमने दो ओठ लहरों के मुझे निःशङ्क होकर,

डूबना ही इष्ट हो जब तो सहारा कौन माँगे?
प्यार जब मँझधार से हो तो किनारा कौन माँगे?

श्याम मेघों से घिरा नक्षत्र-विहगों का बसेरा,
आँधियों ने डाल रक्खा है क्षितिज पर घोर घेरा!
जिस तरह से भग्न अन्तर में उमड़ती है निराशा,
ठीक वैसे ही उमड़ता आ रहा नभ में अँधेरा।
जबकि चाहे प्राण बरसाती अँधेरे में भटकना,
पथ-प्रदर्शन के लिए तो ध्रुव-सितारा कौन माँगे?
प्यार जब मँझधार से हो तो किनारा कौन माँगे?

ज़िन्दगी का दीप लहरों पर सदा बहता रहा है,
निज हृदय से ही हृदय की बात यह कहता रहा है!
डगमगाती ज्योति में विश्वास जीवन के सँजोए

मौन जलकर स्नेह का अभिशाप यह सहता रहा है!
जब मरण की आँधियों से प्यार इसको हो गया है,
ओट पाने के लिए आँचल तुम्हारा कौन माँगे?
प्यार जब मँझधार से हो तो किनारा कौन माँगे?

पथ का मोड़

बहुत अच्छा किया, पथ का मोड़ आया
वृथा से नेह-नाते तोड़ आया

कुसुम है तू, हँसी तेरी नियति है
न कर चिन्ता कि क्या इतिहास होगा
बनेगा हार, वेणी में गुँथेगा
मुकुट में या पगों में वास होगा
लपट हो या कि बर्फीली हवा हो
सदा तेरे अधर पर हास होगा
अगर रस-गंध है तेरे हृदय में
जहाँ तू है वहाँ मधुमास होगा

रखा था क्या कटली डालियों में?
थिरकती तितलियों की तालियों में?
सुरक्षा थी न फूलों की जहाँ पर
किया अच्छा, चमन को छोड़ आया
बहुत अच्छा किया पथ मोड़ आया

चमन को छोड़कर जब तू चला था
बता मुझको कि किसका दिल हिला था?

लता का झूमना, गाना मधुप का
वही सदियों पुराना सिलसिला था
प्रणय की रीति कब, किसने निभाई?
यहाँ पाखण्ड की ही है दुहाई
दिखेगी भीड़ यों तो हर डगर पर
अकेलापन मगर सबकी सचाई

न जाने क्यों तुझे प्यारी बहुत थी
गगरिया याद की भारी बहुत थी
बड़ा अच्छा किया तूने कि उसको
समय की सीढ़ियों पर फोड़ आया
बहुत अच्छा किया, पथ मोड़ आया

जहाँ चन्दा, वहीं पर चाँदनी है
जहाँ वीणा वहीं पर रागिनी है
जहाँ है फूल, खुश्बू भी वहीं है
जहाँ घन है, वहीं पर दामिनी है
बड़ी अनमोल तेरी वेदना है
वही देती निरन्तर प्रेरणा है
जहाँ तप है वहीं पर सिद्धि भी है
तुझे किसका सहारा देखना है

ढलेंगे अश्रु तेरे रागिनी में
ढलेगी धूप शीतल चाँदनी में
बहुत अच्छा किया अपना दुपट्टा,
कला के छोर से तू जोड़ आया
बहुत अच्छा किया, पथ मोड़ आया

प्यार धरती का

ज़िन्दगी अपनी कटी सामान्य लोगों में,
क्या भला करते किसी दरबार की बातें?
लोग थे शौकन शबनम में नहाने के,
और हम करते रहे अंगार की बातें!

दर्द में डूबी हुई पगडण्डियाँ देखीं,
हसरतों के खून से सड़कें नहाई थीं।
हर तरफ सौ-सौ अभावों के निमन्त्रण थे,
हर दिशा में शृंखलाएँ झनझाई थी।
थी कहाँ छुट्टी दुखों की पाठशाला से–
जो कि हम करते किसी त्यौहार की बातें?

शीश पर तपता गगन, तपती धरा नीचे,
यह सुलगती-सी कथा अपने सफ़र की है।
प्यास में भी सिर झुकाकर जल नहीं माँगा,
सिर्फ़ यह गरिमा पपीहे के अधर की है।
किस तरह छूते घटाओं के सघन जूड़े,
किस तरह करते किसी बौछार की बातें?

स्वप्न की रंगीनियों में डूबते कैसे?
आँख के आगे ज़माने की सचाई थी।

फूल देखें या कि उस बारूद को देखें?
जो चमन में मालियों ने ही बिछाई थी!
क्यारियों से जब धुएँ की गन्ध आती हो–
किस तरह भौंरे करें गुँजार की बातें?

राह में पनघट कई हमने निहारे हैं,
हर जगह रीते घड़ों की ही बरातें थीं।
बिद्ध थे पनिहारियों के पाँव काँटों में,
गर्म ओठों पर सिसकती सर्द बातें थीं।
पायलें सिर धुन रही हों जबकि पाँवों में,
कान तब कैसे सुनें झंकार की बातें?

आदमी के आँसुओं पर थी नजर अपनी,
क्या गुलाबों से बनी ज़ंजीर में बँधते?
सभ्यता ही जब बबूलों में भटकती हो–
क्या किसी चम्पा-चमेली के गले लगते?
तितलियों के पर जहाँ नीलाम होते हों–
कौन सोचेगा वहाँ शृंगार की बातें?

लोग चन्दन और रोली से सजे-सँवरे,
भाल पर अपने रही है देश की माटी!
उम्र लागों की कटी मधु जोड़ने में ही,
दर्द ले हमने सदा सँवेदना बाँटी।
स्वर्ग के सोपान खोजे जा रहे हैं जब,
लिख रहे हैं हम धरा के प्यार की बातें!

सुबह का इन्तज़ार है

दिया-दिया उधार का, किरण-किरण उधार है
सुबह का इन्तज़ार था, सुबह का इन्तज़ार है

उमंग है बुझी-बुझी, थकान हर निगाह में
पहाड़-सी अमावसें खड़ी हैं राह-राह में
न हो रहा है जागरण, न बज रही है भैरवी
घुटी-घुटी मृदंग है, लुटा-लुटा सितार है
सुबह का इन्तज़ार था, सुबह का इन्तज़ार है।

ग्रहण सुबह-सुबह लगा कि सूर्य ही छिपा लिया
किसी ने मेरे देश का प्रभात ही चुरा लिया
न स्वर्ग भूमि पर झुका, न भूमि स्वर्ग तक उठी
हिमाद्रि शृंग मौन हैं, उदास गंगधार है
सुबह का इन्तज़ार था, सुबह का इन्तज़ार है।

डरे-डरे-से लोग हैं, गरज रहीं हैं गोलियाँ
नगर-नगर डगर-डगर हैं नफ़रतों की बोलियाँ
कहीं है युद्ध जाति का, कहीं है सम्प्रदाय का
शिकारियों की भीड़ में, शिकार सिर्फ़ प्यार है
सुबह का इन्तज़ार था, सुबह का इन्तज़ार है।

सिकुड़ रहे-से खेत हैं, उजड़ रही हैं बस्तियाँ
कि कुर्सियों की दौड़ में लगी हुई हैं हस्तियाँ
घुटा है न्याय का गला, लुटी है सभ्यता, कला
दिशा-दिशा में भ्रष्ट राजनीति का बुखार है
सुबह का इन्तज़ार था, सुबह का इन्तज़ार है

दिशाविहीन रोष में भटक रहीं जवानियाँ
नदी में जल नहीं रहा, सिसक रहीं रवानियाँ
न तन की है, न मन की है, सभी को फिक्र धन की है
वतन की आन-बान का, न शान का विचार है
सुबह का इन्तज़ार था, सुबह का इन्तज़ार है

पहरेदारों का दर्द

अँधियारे में जलती मशाल लाते हैं।
लोगों को है तकलीफ़ कि हम गाते हैं॥

मोती जैसे नभ के तारे लगते हैं,
लोरी के स्वर प्यारे-प्यारे लगते हैं।
अँधियारे की लीला न्यारी होती है,
निद्रा सबको बेहद प्यारी होती है॥
महदोशी में सारा आलम खोता है।
फिर सपनों का रंगीन खेला होता है!
'जागते रहो', 'जागते रहो' चिल्लाते–
प्रहरी जैसे हम ठीक तभी आते हैं!
लोगों को है तकलीफ़ कि हम गाते हैं।

लोगों का है सौभाग्य कि वे सोते हैं,
हम प्रहरी का कर्तव्य-भार ढोते हैं॥
चोरी का कोई काम न होने देंगे।
बस्ती को हम बदनाम न होने देंगे॥
यदि नहीं रहेंगे अलख जगाने वाले–
तो गली-गली तोड़े जाएँगे ताले!

निद्रा सबको सपनों तक ले जाती है।
हम सपनों से सच्चाई तक लाते हैं।
लोगों को है तकलीफ़ कि हम गाते हैं।

हम भी होते यदि ठकुरसुहाती वाले—
जी भरकर पीते और पिलाते प्याले।
क्रीड़ा करती जयजयवन्ती तारों में,
खो जाते पग-पायल की झंकारों में॥
फिर किसी सेज पर कहीं ढेर हो जाते।
रेशमी भुजाओं में बँधकर खो जाते॥
क्या करें? अग्नि-वीणा लेकर जन्मे हैं,
भैरव रागों से ही अपने नाते हैं,
लोगों को है तकलीफ़ कि हम गाते हैं।

अब कान खोलकर सुनें—कि जो लेटे हैं!
हम सरस्वती के जागरूक बेटे है।
सारी दुनिया खामोश कि जब सोती है।
आवाज़ हमारे ही ज़िम्मे होती है॥
कवि होने का दायित्व जानते हैं हम।
इसलिए जागरण-यज्ञ ठानते हैं हम॥
थक जाए चाहे तन का रेशा-रेशा।
कैसे छोड़ें पहरेदारी का पेशा॥
सन्ध्या जिनको घर-घर में सँजो गई थी,
हम उन्हें सुबह सूरज तक पहुँचाते हैं।
लोगों को है तकलीफ़ कि हम गाते हैं।

देश का नक्शा

न कागज को मनाते हैं,
न स्याही को सताते हैं,
लहूवाले लहू से देश का नक्शा बनाते हैं!

पहाड़ों—से इरादे हैं, समन्दर-सी रवानी है,
हमेशा आग से अठखेलियाँ करती जवानी है॥
दिशाएँ ध्यान से सुनतीं, हवाएँ गुनगुनाती हैं,
सितारों की ज़ुबानों पर शहीदों की कहानी है!
जिन्हें सुविधा नहीं भाती, न समझौते सुहाते हैं!
गगन को ओढ़ते हैं और धरती को बिछाते हैं!

शहादत को न समझेंगे पदों पर ऐंठनेवाले,
कुचक्रों में ढले सिंहासनों पर बैठनेवाले!
तिजोरी भक्ति है जिनकी, कुटिलता शक्ति है जिनकी
खुशामद की नदी में ज़िन्दगी-भर पैठनेवाले!
शहादत एक सौदा है वतन पर जान देने का!
जिन्हें स्वीकार है, वे मौत से नजरें मिलाते हैं!

स्वयम् माथा झुकाता सामने भूगोल आता है,
यशोगाथ स्वयम् इतिहास पढ़-पढ़कर सुनाता है!
कि जिसकी छाँह में संसार सुख की साँस लेता है,

शहादत वृक्ष है, जिसको युगों का तप उगाता है।
न चाँदी बोल पाती है, न सोना तोल पाता है,
कुबेरों के खज़ाने धूल में आँसू बहाते हैं!

जिन्हें रफ्तार प्यारी है, उसी में चूर रहते हैं,
शहीदों के चरण विज्ञापनों से दूर रहते हैं!
कभी अन्याय से टक्कर, कभी संघर्ष शोषण से,
सदा ज्वालामुखी ये आग से भरपूर रहते हैं!
न गोली रोक पाती है, न फाँसी टोक पाती है,
कि कारागार को भी मुक्ति का मन्दिर बनाते हैं!

शहीदों का सतत संघर्ष ही ईमान होता है,
रहे बेदाग़ आजादी, यही अरमान होता है।
वतन की धूल ही इनके लिए है स्वर्ग का चन्दन,
कि इनका इष्ट जीता-जागता इन्सान होता है!
युगों की आँधियों में भी अँधेरा चीरती हैं जो–
लहू से सींचकर ऐसी मशालों को जलाते हैं!

एक तार

एक तार टूट-टूट जाय तो
बीन को नवीन तार चाहिए!

था जिन्हें रखा बहुत सँवार कर,
था जिन्हें रखा बहुत दुलार कर,
रंग एक बार के उतर गए,
फूल एक बार के बिखर गए।
बाग चुप रहा समय निहारकर,
किन्तु, कह उठी पिकी पुकारकर,—
'इक बहार रूठ-रूठ जाय तो
बाग को नई बहार चाहिए!'
एक तार टूट-टूट जाय तो
बीन को नवीन तार चाहिए!

ताज आग का सँवारता रहा,
पंथ भोर का निहारता रहा;
किन्तु दीप की लगन बिखर गई,
स्नेह चुक गया, शिखा सिहर गई!
दीप त्रस्त हो लगा गुहारने,
किन्तु मृत्तिका लगी पुकारने—

'एक स्नेह-कोष रीत जाय तो
स्नेह की नवीन धार चाहिए!'
एक तार टूट-टूट जाय तो
बीन को नवीन तार चाहिए!

उड़ चला विहंग तृण लिए हुए,
प्यार का अकम्प प्रण लिए हुए;
किन्तु, क्रुद्ध आँधियाँ मचल गईं,
तृण बिखेर, नीड़ को कुचल गईं,
लुट गया विहंग, छा गई निशा,
किन्तु फिर लगी पुकारने उषा,—
'एक नीड़ टूट-फूट जाय तो
डाल को नया सिंगार चाहिए।'
एक तार टूट-टूट जाय तो
बीन को नवीन तार चाहए!

प्राण स्वप्न लोक में रमे रहे,
और, नींद में नयन लगे रहे!
पर, अजान ही हृदय उठा धड़क,
काँपते हुए खुले सजल पलक!
नींद ही रही न स्वप्न ही रहा,
किन्तु, तप्त अश्रुधार ने कहा—
'एक स्वप्न टूट-टूट जाय तो
आँख को नया खुमार चाहिए!'
एक तार टूट-टूट जाय तो
बीन को नवीन तार चाहिए!

मैं तुम्हें सदा दुलारता रहा,
प्राण में बसा, सँवारता रहा;

किन्तु एक दिन कहार आ गए,
पालकी उठा तुम्हें लिवा गए!
हर शपथ ज्वलित अँगार हो गई,
जिन्दगी असह्य भार हो गई;
जब हृदय लगा चिता सँवारने,
व्योम के नखत लगे पुकारने;
'एक मीत साथ छोड़ जाय तो
प्यार की नई पुकार चाहिए!'
एक तार टूट-टूट जाय तो
बीन को नवीन तार चाहिए।

गायक

मेरी हर नादानी ने पाठ पढ़ाया है,
हर आँसू ने मुझको गाना सिखलाया है।

मेरे जीवन में सौ-सौ दुर्बलताएँ हैं,
मेरे जीवन में सौ-सौ असफलताएँ हैं।
दुर्बलाओं ने ही लड़ना सिखलाया है,
असफलताओं ने ही बढ़ना सिखलाया है।
मानव मज़बूत बने यदि सह-सह कर घातें,
गौरव के लायक हैं सब लज्जा की बातें।
घावों से ही सीने की शोभा बढ़ती है,–
अपमानों ने मेरा सम्मान बढ़ाया है।
हर आँसू ने मुझको गाना सिखलाया है।

जिस दिन मैंने मंजिल पर कदम बढ़ाया था,
तूफानों ने मुझको कितना धमकाया था।
काँटों की चिर-प्यासी नोंके मुस्काई थी।
आफत के मेघों ने आँखें दिखलाई थीं।
विपदाओं ने मेरा पौरुष भड़काया ही।
मैं थका गिरा पर उठकर क़दम बढ़ाया ही।
मंजिल न मिली, इसका मुझको अफ़सोस नहीं,
बाधाओं का दिल तो मैंने दहलाया है।
हर आँसू ने मुझको गाना सिखलाया है।

जिनको अपना समझा, वे घोर पराए थे,
सपने थे, आँखों को भरमाने आए थे।
उर में बसने वाले ही उर को हिला गए,
आए ऐसे मेहमान कि घर को जला गए।
मधुपान करानेवाले ही विष पिला गए,
जिनको कंचन समझा, मिट्टी में मिला गए,
अपनी इन सब भूलों का मैं आभरी हूँ।
दुनियाँ क्या है, इन भूलों ने समझाया है।
हर आँसू ने मुझको गाना सिखलाया है।

मन नए-नए मधुकर-सा कितना भरमाया।
फूलों पर अलसाया, कलियों पर मँडराया।
मधु कम पाया, काँटों में अधिक बिंधी पाँखें।
गाने को पहुँचा था, भर-भर आई आँखें।
माना, मृग-तृष्ण में फँसना नादानी है,
पर भूल न जो करती क्या ख़ाक जवानी है।
हर बार समय की आँधी ने बरबाद किया।
हर बार तृणों से मैंने नीड़ बनाया है।
हर आँसू ने मुझको गाना सिखलाया है।

ठुक-पिट करके फौलाद हुआ मेरा सीना,
मैं सीख गया हूँ मिट-मिटकर जग में जीना,
अब तो मेरे सीने से चोटें डरती हैं,
आहें मुझ तक आते ही आहें भरती हैं।
हिल-हिल मेरे विश्वास हुए चट्टानों से,
मैं खेल रहा हूँ लहरों से तूफ़ानों से।
आगे बढ़ पाया हूँ कि नहीं, यह ध्यान नहीं,
कम से कम पग पीछे तो नहीं हटाया है।
हर आँसू ने मुझको गाना सिखलाया है।

एक नूतन जागरण

एक नूतन जागरण की खोज में हूँ।
प्यार के वातावरण की खोज में हूँ॥

हर दिशा गहरी उदासी से भरी है,
हर लहर मन की अँधेरे से घिरी है।
जो कि घन-घूँघट उठाकर मुस्करा दे–
ज़िन्दगी की हर दिशा जो जगमगा दे–
हर लहर पर चाँद जो सौ-सौ झुमादे–
फिर किसी गोरी किरण की खोज में हूँ।
प्यार के वातावरण की खोज में हूँ॥

व्यक्त होने को तड़पता छन्द हूँ मैं
एक नूपुर-सा पड़ा निःस्पंद हूँ मैं।
मस्त भौंरे की तरह मैं गुनगुनाऊँ,
ज़िन्दगी की हर गली को झनझनाऊँ,
झूमकर जिसमें कि दुनिया को झुमाऊँ,
फिर किसी कोमल चरण की खोज में हूँ।
प्यार के वातावरण की खोज में हूँ॥

उम्र का मधुमास बीता जा रहा है,
रूप का मधुकोष रीता जा रहा है।
चाहता हूँ मैं विजन से दूर जाऊँ,
मालिनों के कोष की शोभा बढ़ाऊँ,--
गन्ध से पागल बनूँ, पागल बनाऊँ।
पुष्प हूँ, पुष्पाभरण की खोज में हूँ।
प्यार के वातावरण की खोज में हूँ॥

उसको प्राणों का प्राण कहो

उसको प्राणों का प्राण कहो
जिस पर हर साँस निछावर हो!

मधुवन की छवि का क्या कहना,
मधुवन में हैं अगणित कलियाँ!
सन्देह नहीं, आकर्षक हैं
कुंजों की ये मादक गलियाँ!
कुंजों-कुंजों में क्यों घूमो?
कलिका-कलिका पर क्यों गूँजो?
उस एक कली को प्यार करो, जिस पर मधुमास निछावर हो!
उसको प्राणों का प्राण कहो
जिस पर हर साँस निछावर हो!

मत 'प्यार' कहो माटी के प्रति
जगने वाले आकर्षण को!
बरसात सुधा की मत समझो
दो क्षण के इस रसवर्षण को!
वह 'रूप' नहीं, जिसके कारण
तृष्णा या आशा ही जागे,
वह रूप 'रूप' कहलाता है, जिस पर विश्वास निछावर हो!

उसको प्राणों का प्राण कहो
जिस पर हर साँस निछावर हो!

लाखों हैं ये आकाश कुसुम,
किस-किस पर हाथ बढ़ाओगे?
अम्बर की धुँधली गलियों में
कब तक आँखें भटकाओगे?
टिमटिम किरणों में क्यों भटको?
लाखों तारों में क्यों अटको?
उस एक चन्द्रमा को पूजो, जिस पर आकाश निछावर हो!
उसको प्राणों का प्राण कहो
जिस पर हर साँस निछावर हो!

उत्थान-पतन की ये लहरें—
उठती-गिरती ही रहती हैं!
ये धूप-छाँह की तसवीरें
बनती-मिटती ही रहती हैं!
वह क्या घटना, जो बालू के
पदचिन्ह सरीखी मिट जाए?
'घटना' उस घटना को समझो जिस पर इतिहास निछावर हो!
उसको प्राणों का प्राण कहो
जिस पर हर साँस निछावर हो!

विश्वास

अपनी ढिलमिल आशाओं को विश्वास बनाकर तो देखो!
बनते-बनते बन जाएगा, इतिहास बनाकर तो देखो!

सूनी डालों को मत देखो,
झरते पातों पर मत रोओ;
टूटे सपनों पर सिर न धुनो,
बीती बातों पर मत रोओ!
काँटे कलियाँ बन जायेंगे,
चुप्पी गुँजन बन जाएगी!
मधुऋतु तो दौड़ी आएगी, आवाज लगाकर तो देखो!
अपनी ढिलमिल आशाओं को विश्वास बनाकर तो देखो!
बनते-बनते बन जाएगा, इतिहास बनाकर तो देखो!

जिसको तुम 'पीड़ा' कहते हो,
प्राणों का एक खिलौना है;
सुख के सूरज की किरणों को
आँसू की ओस बिछौना है!
सर्दी-गर्मी की छाया में
जीवन की फसलें झूमेंगी,
चिन्ताओं की धरती पर तुम उल्लास उगाकर तो देखो!
अपनी ढिलमिल आशाओं को विश्वास बनाकर तो देखो!
बनते-बनते बन जाएगा, इतिहास बनाकर तो देखो!

मधु के तुम ठेकेदार नहीं,
विष के घट भी पीने होंगे;
घावों को जब मरहम न मिले,
अपने हाथों सीने होंगे!
छवि की गंगा लानी है तो
संकल्प भगीरथ का लाओ!
कैलाश झुकाएगा माथा, तुम पाँव बढ़ाकर तो देखो
अपनी ढिलमिल आशाओं को विश्वास बनाकर तो देखो!
बनते-बनते बन जाएगा, इतिहास बनाकर तो देखो!

लपटों की लाल चुनरिया से
शृङ्गार जवानी करती है!
अमरत्व निछावर होता है,
जब प्यार जवानी करती है!
बिजली, बादल, आँधी, पानी,
उजियाले और अँधेरे की—
चिन्ता न करो, अपने उर को आकाश बनाकर तो देखो!
अपनी ढिलमिल आशाओं को विश्वास बनाकर तो देखो!
बनते-बनते बन जाएगा, इतिहास बनाकर तो देखो!

स्वप्न और आकार

स्वप्नदर्शी भी बहुत हैं, स्वप्नजीवी भी बहुत,
हो सके तो स्वप्न को आकार देने को जिओ!

हाथ पाए हैं नई फ़सलें उगाने के लिए
पाँव पाए हैं नई राहें बनाने के लिए॥
पुष्ट कन्धे हैं नए बोझे उठाने के लिए,
कण्ठ पाया है नए ही गीत गाने के लिए!
रूढ़ियों का बोझ ढोने के लिए प्रतिभा नहीं,
आदमीयत को नए उद्‌गार देने को जिओ!

स्वेद-कण सबसे बड़ी उपलब्धि है संसार की,
पूछ देखा हर सुबह से, पूछ देखा शाम से!
सम्पदाओं से नहीं, सिंहासनों से भी नहीं,
आदमी का क़द बढ़ा है आदमी के काम से!
शक्ति अणु-परमाणु की है तुच्छ जिसके समाने
सृष्टि को संकल्प का उपहार देने को जिओ!

आदमी का मन किरण की खोज में बेचैन है,
चाँद-सूरज और ये लाखों सितारे व्यर्थ हैं!
देह के शृंगार सै-सौ, प्राण में वैधव्य है,
ज्ञान या विज्ञान के उपहार सारे व्यर्थ हैं!
हर अमावस का सही उत्तर छिपा है ज्योति में,
दीपकों की पंक्ति को आधार देने को जिओ!

लोग सागर मथ रहे हैं रत्न पाने को,
कौन है तैयार लकिन विष पचाने को?
जो कलाधर है, उसी का यह परम सौभाग्य है
हाथ उसके ही बने हैं विष उठाने को!
मृत्यु को भुजपाश में ले आज मृत्युंजय बनो,
हर गरल पीकर सुधा की धार देने को जिओ!

ओस अब अंगार होना चाहती है

ओस अब अंगार होना चाहती है।
लेखनी तलवार होना चाहती है।

(1)

कह रहा आकाश, "मैं विक्षुब्ध-सा हूँ"
कह रही धरती कि "मैं बेहद दुखी हूँ"
बर्फ की चादर सुलगती जा रही है,
कह रहा हिमगिरि कि "मैं ज्वालामुखी हूँ।"
बुद्ध का यह देश करवट ले रहा है—
अब क्षमा प्रतिकार होना चाहती है।
ओस अब अंगार होना चाहती है॥
लेखनी तलवार होना चाहती है॥

(2)

कामदेवों को बहुत हमने जगाया,
अप्सराओं को बहुत हमने रिझाया।
रजकणों को व्योम के सिर पर चढ़ाया,
धूल पर आकाश कुसुमों को बिछाया।
अब धरा का ऋण चुकाने की घड़ी है,

रागिनी हुंकार होना चाहती है।
ओस अब अंगार होना चाहती है।
लेखनी तलवार होना चाहती है।

(3)

सृष्टि के सबसे रंगीले फूल लाकर
प्रेयसी के पाँव पर हमने चढ़ाए।
आज जब माँ ने हमें आवाज दी है,–
हम हथेली पर लिए निज शीश आए।
बात तन, मन या कि धन की ही नहीं है,
जिन्दगी बलिहार होना चाहती है।
ओस अब अंगार होना चाहती है।
लेखनी तलवार होना चाहती है॥

(4)

बाँसुरी से है जिन्हें हमने सुलाया,
शंख से उनको जगाना जानते हैं।
इन्द्रधनुषी रंग मेघों में भरे तो
बिजलियाँ भी हम गिराना जानते हैं
रूद्र के घुँघरू हृदय में बज रहे हैं,
भैरवी साकार होना चाहती है।
ओस अब अंगार होना चाहती है।
लेखनी तलवार होना चाहती है॥

(5)

देश का भूगोल घायल हो गया है,
कालिमा इतिहास के मुख पर पड़ी है।
साथियों, मधु की कथाएँ भूल जाओ,
यह लहू में स्नान करने की घड़ी है।

अब गुलाबों की तरह खिलती जवानी,
वज्र की दीवार होना चाहती है।
ओस अब अंगार होना चाहती हैं
लेखनी तलवार होना चाहती है।

(6)

चाँदनी को है कसा आलिंगनों में,
धूप को भी अब गले अपने लगाओ।
भाल पर बैठा चुके शशि की कलाएँ,
अब हलाहल पान करके भी दिखाओ।
मुक्ति का मन्दिर निमंत्रण दे रहा है,–
उम्र बन्दनवार होना चाहती है।
ओस अब अंगार होना चाहती है।
लेखनी तलवार होना चाहती है।

अस्तित्व-घोष

मत समझना—हो गया है राख का अधिकार,
मैं अभी अंगार हूँ, जलता हुआ अंगार!

है हवा ठहरी हुई, निःस्पंद हैं लपटें,
आत्म-चिंतन में मुझे तुम व्यस्त ही समझो,
ओ, अभागे काम! फिर धोखा न खा जाना,
बंद है शिव का नयन, ध्यानस्थ ही समझो!
राख है विश्राम में ओढ़ी हुई चादर,
आग ही है धर्म अपना, आग ही शृंगार!

गीदड़ों के मर्सिये ये, मेमनों के गीत,
वानरों की किचकिचाहट, पंछियों का शोर,
गाय-भैंसों का रँभाना, गजों की चिंघाड़,
चौकड़ी भरते मृगों का शब्द यह चहुँ ओर!
इन सभी कोलाहलों की उम्र तब तक है,
सुप्त जब तक कन्दरा में सिंह की हुँकार!

सूर्य सोता है कि जग को रात मिल जाए,
चाँद को पीयूषवर्षी गात मिल जाए,
जो सुबह से शाम तक झुलसे, उन्हें कुछ तो—
चाँदनी की रेशमी बरसात मिल जाए!

सूर्य के सौजन्य की कीमत न कम आंको,
सह नहीं सकता तिमिर पहली किरण का वार।

व्योम तपता, भूमि तपती, सिन्धु-तल तपता,
आदमी का अर्थ भी शायद तपन ही है।
यज्ञ में आहुति बने जो जल रहे हैं हम–
ज़िन्दगी का अर्थ भी शायद हवन ही है!
स्वर्ग में मिलती अगर यह आग तो शायद–
देवता लेते नहीं इस भूमि पर अवतार!

धरती लाश नहीं बनेगी!

धरती न लाश बन पाएगी,
अम्बर न क़फ़न बन पाएगा,
बारूद बिछानेवालों, तुम कब तक बारूद बिछाओगे?

जब-जब धरती जलती, तब-तब बादल घिर आया करते हैं,
ज्वालामुखियों की छाती पर तिनके लहराया करते हैं॥
जिससे बौराते आम और खिलते हैं दीवाने पलाश,
मुखरित होते गुलमुहर और नर्तन करते हैं अमलतास—
उस कोयल की स्वरलहरी को
लपटों में बाँध न पाओगे!

सूरज की नन्हीं किरण सात रंगों की छटा सजाती है,
पुरवाई की हर लहर गन्ध नन्दनवन की बरसाती है॥
जिसको तुम धूल समझ बैठे, वह वसुन्धरा कहलाती है,
शिव-रूप हिमालय से गंगा पीयूष बहाती आती है!
मृत्युंजय जीवन पर कैसे
मरघट का रंग चढ़ाओगे?

तारों ने कब यह प्रश्न किया अम्बर का बटवारा होगा!
कोई भी लहर न चिल्लाई—सागर का बटवारा होगा!

बटवारे के शौकीन चन्द इन्सान रहे हैं धरती पर,
जब-तब यह लगता है, कि ईंट-पत्थर का बटवारा होगा!
धरती अमृत-घट है,
इसको लूटोगे तो लुट जाओगे!

सन्देहों में जीनेवाले सन्देहों में मर जाते हैं,
विश्वासों पर मरनेवाले विश्वास अमर कर जाते हैं!
माँ का आँचल फाड़ोगे तो वात्सल्य कहाँ से आएगा?
सभ्यता बेच खाओगे तो मुट्ठी में क्या रह जाएगा?
सूरज होता है प्यार,
धूल में कब तक उसे छिपाओगे?

पागल है वह विज्ञान, जिसे अंगार बिछाना आता है,
बेहूदा है वह धर्म, खून में जिसे नहाना आता है।
ईश्वर मिलना तो दूर, आदमी जहाँ आदमीयता हारे,
ईंटों के खेल-तमाशे हैं मन्दिर, मस्जिद या गुरुद्वारे!
ओ चन्दन से लिपटे भुजंग!
अपना विष व्यर्थ गँवाओगे!

मौसम नहीं है

भाग जाओ दूर, ओ रंगीन सपनों,
पास आने का अभी मौसम नहीं है।
आदमी की आँख में आँसू भरे हैं,
गीत गाने का अभी मौसम नहीं है।

सभ्यता का यह सवेरा भी अजब है,
फूल की मुसकान आँसू में दबी है।
मुक्ति का सूरज गगन में उग रहा, पर
साथ ही उसके ग्रहण-छाया लगी है
चेतना जो है जगाई सो न जाए,
रोशनी की यह कमाई खो न जाए।
जिस पसीने में सदी भीगी हुई है।
वह सुखाने का अभी मौसम नहीं है,
गीत गाने का अभी मौसम नहीं है।

पौध हरसिंगार की हम सींचते हैं,
पर उधर बारूद कोई है बिछाता।
हम इधर निर्माण के तिनके संजोते,
पर उधर चिनगारियाँ कोई लुटाता।
क्रूर कंस प्रहार ही से मर सका था,

बाँसुरी का स्वर न जादू कर सका था।
वक्ष में यदि शक्ति हो तो शंख फूँको,
गुनगुनाने का अभी मौसम नहीं है।
गीत गाने का अभी मौसम नहीं है।

भय अभी पगडण्डियों पर घूमता है,
भूख सड़कों पर अभी हुँकारती है।
विश्व-मन्दिर में अभी बलि हो रही है,
दंभ की फिर-फिर उतरती आरती है।
प्यार की फसलें जलाई जा रही हैं,
और संगीनें उगाई जा रही हैं।
पी सको तो ये गरल के घट उठा लो,
मधु उठाने का अभी मौसम नहीं है।
गीत गाने का अभी मौसम नहीं है।

आदमी की देह वस्त्रों में ढँकी है,
आचरण में नग्नता आई हुई है।
चन्द्रमा पर खोज जीवन की मची है,
मुर्दनी सी भूमि पर छाई हुई है।
खून के धब्बे हिमालय पर लगे हैं,
बर्फ पर भी आग के अंकुर उगे हैं।
नरक से ही इस धरित्री को बचा लो,
स्वर्ग लाने का अभी मौसम नहीं है।
गीत गाने का अभी मौसम नहीं है।

रात शेष है

कमल अभी तक खिले नहीं हैं, गुंजन के सिलसिले में नहीं हैं।
या तो सूरज उगा नहीं है, या फिर कुछ-कुछ रात शेष है।

वातावरण उदास अभी है,
दिखती ज्योति-तरंग नहीं है।
धरती पर चेतना नहीं है,
नभ में अभी उमंग नहीं है।
पंथी की पदचाप नहीं है,
पंछी एक नहीं गाता है!
सबकुछ है सोया-सोया-सा,
क्या प्रभात ऐसे आता है?

अभी अँधेरे पर प्रकाश की होने को शह-मात शेष है।
या तो सूरज उगा नहीं है, या फिर कुछ-कुछ रात शेष है!

शिखरों पर सोना कब बरसा?
लहरें कहाँ हुईं सिन्दूरी?
मंगलमई प्रभातीवाली
शर्तें कहाँ हुई हैं पूरी?
हुईं कहाँ उन्मुक्त उड़ानें?

कलरव की अभिव्यक्ति कहाँ है
निशिचर छिपें, उलूक मौन हों,
वह ज्योतिर्मय शक्ति कहाँ हैं?

जागृति में गत्यावरोध की शायद कोई बात शेष है।
या तो सूरज उगा नहीं है, या फिर कुछ-कुछ रात शेष है!

रात न कहने से बीतेगी,
विज्ञापन से प्रात न होगा।
नगर-डगर आलोकित हो तो
किसे सबेरा ज्ञात न होगा?
घर-बाहर अँधियारा हो तो
लोग भला कैसे जागेंगे?
गीतों से आकाश गुँजाते
क्यों पंछी कोटर त्यागेंगे?

एक सही उत्तर पाने को प्रश्नों की बारात शेष है!
या तो सूरज उगा नहीं है, या फिर कुछ-कुछ रात शेष है!

कविताँजलि

कवि की बात

गीत में भरकर जलधि का ज्वार लाया हूँ,
छन्द में तूफान की हुँकार लाया हूँ,
शारदा के कण्ठ को अनुभव नया होगा,
गूँथ फूलों की जगह अंगार लाया हूँ!

ओस की बूँदें बहुत सुकुमार होती है,
किन्तु, उन पर लोग रखकर पाँव चलते हैं,
इसलिए चिनगारियाँ मैंने बिछाई हैं—
लोग जिनसे दग्ध होकर पथ बदलते हैं!

कल्पनाओं की करूँ क्या बात दुनिया से,
सत्य पर जिसको नहीं विश्वास होता है!
हो रहा सम्मान चाँदी और लोहे का,
आदमी के दर्द का उपहास होता है!

ठीक है, भाई, कि यह विज्ञान का युग है,
अर्थ इसका क्या कलाओं को गिराना है?
क्या हृदय का स्थान भी मस्तिष्क ले लेगा?
डूबने का अर्थ भी क्या तैर जाना है?

भावना का मोल क्या कुछ भी नहीं होगा?
आदमी से श्रेष्ठ रुपया और आना है?
चाँद-तारों की दिशा में दौड़ने वालों!
भूमि को क्या सिर्फ मरघट ही बनाना है?

रूप दिखता है तुम्हें विकराल यन्त्रों में,
नाश में ही सृष्टि का शृंगार दिखता है;
थैलियों का शब्द ही संगीत लगता है,
क्रूर सैनिक सन्धियों में प्यार दिखता है!

तो सुनो, संहार की जय बोलने वालों!
आदमी पाषाण बनकर जी नहीं सकता!
चन्द्रमा को राहु चाहे दो घड़ी ग्रस ले,
पर सुधाकर, की सुधा वह पी नहीं सकता!

छूटकर बारूद तोपों से उड़े, लेकिन,
वह सदा हरियालियों पर छा नहीं सकती;
आदमी की साँस है मधुगन्ध की भूखी,
'गैस' उसको चार दिन भी भा नहीं सकती!

उग नहीं सकती कभी संगीन खेतों में,
बाल गेहूँ की वहाँ तो मुस्कराएगी;
बाँसुरी पर फन पटक ले कालिया जी भर,
बाँसुरी ही अन्त में उसको नचाएगी!

धूप में जीभर भटकलो, शक्ति है जब तक,
जब थकोगे याद वट की छाँह आएगी;
पूतना विष का भले उपहार दे जाए,
दूध तो, लेकिन, यशोदा ही पिलाएगी!

एक दिन विज्ञान के रथ का लहू धोकर
आदमी उसको कला के द्वार लाएगा,
सूर्य तब आनन्द से कंचन बिखेरेगा,
चन्द्रमा जी खोलकर अमृत लुटाएगा!

रंक और मणि

तुम्हारे ध्यान में डूबा हुआ मैं मौन बैठा था—
बगीचे में, जहाँ पर हैं मधुर झुरमुट चमेली के।
सुलझने के प्रयासों में उलझता जा रहा था मैं,
न खोजे मिल रहे थे सूत्र जीवन की पहेली के।

बहुत सोचा कि जब संघर्ष में दिन-रात खपना है,
मुझे अधिकार ही क्या है प्रणय की बात करने का?
मुझे अवकाश ही कब है मधुर सपने सँजोने का?
तुम्हारे पंथ में अपने दृगों के दीप धरने का?

तुम्हारी ओर से दो शब्द आदर के मिले हैं पर—
कलम का मैं अकिंचन एक बस मज़दूर ही ठहरा!
न खारा नीर छू सकता कभी शशि की मधुरता को,
कहे सागर भले कोई, मगर मजबूर ही ठहरा!

तुम्हारे और मेरे बीच जब इतना बड़ा अन्तर—
तुम्हें मैं भूल जाऊँ, बस यही कल्याणकारी है।
मगर मैं क्या करूँ? फिर-फिर हृदय विद्रोह करता है,
हटाता हूँ, मगर फिर भी नहीं हटती खुमारी है।

तुम्हारा रूप मेरी दृष्टि का ही अंग है मानो,
सितारों की चमक में तुम, फुहारों की लचक में तुम;
बगीचे में तुम्हारी ही मधुरता झूमती दिखती,
गुलाबों की गमक में तुम, चमेली की महक में तुम!

निकल आया रूपहला चन्द्रमा काली घटाओं से,
वधू घूँघट हटाकर ज्यों अचानक मुस्करा दी हो!
उमस के बीच में सहसा लगी ठण्डी हवा बहने,
किसी ने झूमकर जैसे कहीं पायल बजा दी हो!

हिले झुरमुट चमेली के, हुई कुछ रोशनी जैसी,
अरे, यह सत्य है या स्वप्न? सचमुच आ गई हो तुम।
तुम्हारा मन्द मुस्काना, दृगों का मूक अभिवादन,
पपीहा 'पी' न कह पाया, घटा-सी छा गई हो तुम!

हृदय की मणि! तुम्हारी यह चमक इतनी अनोखी है
कि मेरे होश की लौ चमचमाना भूल जाती है।
समय कैंची चलाना तो न पल-भर भूलता है, पर
उमर की डोर तो मदहोश होकर झूल जाती है!

हृदय की मणि! स्वयम् तुम आज मेरे पास आई हो,
बड़ा सौभाग्य है मेरा, मगर कैसे बताऊँ मैं!
सभी को ज्ञात है अच्छी तरह से रंकता मेरी,
कहाँ तुमको बसाऊँ मैं? कहाँ तुमको छिपाऊँ मैं?

किसी का सुख न फूटी आँख भी जग को सुहाता है,
मुझे भय है मुझे मणि की जगत चोरी लगाएगा!
क्षमा कर दो, न मेरी आँख में तुम स्वप्न बन छाओ!
मुझे भय है, किसी दिन स्वप्न मेरा टूट जाएगा!

भला, मणि को कहाँ तक रंक की कुटिया छिपाएगी,
किसी प्रासाद के रनिवास की शोभा बढ़ाओ तुम!
गरीबी से, विषमता से, मुझे संघर्ष करने दो,
मुकुट में चमचमाओ, दमदमाओ, मुस्कराओ तुम!

क्रान्ति

मैं नाच रही हूँ युग-युग से
अपने दीवाने पग धर-धर।

मेरे पद-नूपुर की 'रुनझुन' सारे जग-जीवन का क्रन्दन।
मेरा विथकित उच्छवास एक, विस्तृत नभ-मण्डल का कम्पन।
ज्वालाओं में मेरा यौवन, तूफान लिए मेरा हर स्वर।
मैं नाच रही हूँ युग-युग से
अपने दीवाने पग धर-धर।

परिवर्तनमय मेरा जीवन, भूकम्प लिए हैं चरण-चरण,
मेरे आने के चिन्ह कई, विद्रोह, युद्ध हुँकार, मरण।
मेरी ठोकर से क्षत-विक्षत होते विशाल उन्नत भूधर।
मैं नाच रही हूँ युग-युग से
अपने दीवाने पग धर-धर।

मैं एक जगह कब रुकी रही? मैं इधर चली, मैं उधर चली,
मैं जिधर चली, जिस ओर चली, जागृति की जलती लहर चली
नर मुण्डों का शृंगार! नित्य भरता रहता मेरा खप्पर!
मैं नाच रही हूँ युग-युग से
अपने दीवाने पग धर-धर।

मेरा हलका सा भ्रू-विलास, जन-सागर का उत्थान-पतन।
मेरा संकेतमात्र सौ-सौ ज्वालामुखियों का अग्नि-वमन।
मेरी पलकों के एक पतन में रंगमहल बनते खँडहर।
मैं नाच रही हूँ युग-युग से
अपने दीवाने पग धर-धर।

जब हँसती हूँ तब प्रलय-घनों में चमक-चमक उठती बिजली,
जब कभी फूँक मारी तब-तब अत्याचारों की नींव हिली।
मेरे पद-चिन्हों पर बहते लोहू के वेग भरे निर्झर।
मैं नाच रही हूँ युग-युग से
अपने दीवाने पग धर-धर।

मैं इतिहासों के पृष्ठों पर स्याही बन-बनकर फैल रही,
मैं सर्वनाश के झोंके दे साम्राज्यों से हूँ खेल रही।
मैं असफलताओं की रानी, बलिदानी हैं मेरे अनुचर।
मैं नाच रही हूँ युग-युग से
अपने दीवाने पग धर-धर।

मैं भूख-प्यास के दृश्य दिखा, आतंकित कर देती जन-मन,
फिर जग उठते विप्लवकारी, जैसे घिरते सावन के घन।
मुझसे ही तो गिरता समाज पाता है उठने का अवसर।
मैं नाच रही युग-युग से
अपने दीवाने पग धर-धर।

मेरे नूपुर की खनक प्रलय, मेरे कच-जालों में विषधर।
नरमुण्ड खड़कते निमिष-निमिष, उड़ रहा अग्नि-अम्बर फर-फर।
'दिन-रात' घूमते जाते हैं, मेरे नर्तन की ताल अमर।
मैं नाच रही हूँ युग-युग से
अपने दीवाने पग धर-धर।

धूल का परिचय

क्या कहा? 'मृत्तिका'! 'तुच्छ धूल'!!

मुझसे निर्मित भूखण्ड सकल, मुझसे रंजित यह विश्व सकल।
मेरा कण-कण है अजर अमर, मैं मृत्यु-घड़ी-सी अमिट, अटल।
सह रही धूप, सह रही ताप, सह रही पुण्य, सह रही पाप,
आए कितने बादल घिर-घिर, मुझमें विलीन हो गए आप।
मचला जीवन, मचलीं लहरें, आँधियाँ चलीं, विद्रोह हुए,
फिर सृष्टि हुई, फिर प्रलय हुई, रह-रहकर मिलन-बिछोह हुए।
मैं शान्ति, क्रान्ति, मैं सत्य, भ्रान्ति, मैं चिर-कोमल, मैं चिर-कठोर।
मैं ही कुरूप, मैं ही सुन्दर, मुझमें त्रिकाल, मैं ओर-छोर।
मैं ब्राह्माणी, मैं रूद्राणी, मैं सृष्टि-प्रलय की मूँक मूल।
क्या कहा? 'मृत्तिका'! 'तुच्छ धूल'!!

मेरा आधार लिए जीवित, तृण, लतिकाएँ, वृक्षावलियाँ,
मेरी सुषमा से अभिसिंचित सुरभित उपवन, मुखरित कलियाँ।
यह नभ-चुम्बी उन्नत भूधर, मेरे ही उर का मधुर भार।
यह रस-रंजित चंचल निर्झर, मेरे अन्तर का मृदुल प्यार।
मुझसे निर्मित सरिता का तट, मुझसे निर्मित सागर का तल,
मुझसे निर्मित यह नगर-डगर, मानवता को मेरा सम्बल।
मुझमें कवियों के मान छिपे, मुझमें अनेक विज्ञान छिपे।

मैं धातुपूर्ण, मैं रत्नपूर्ण, मुझमें अदृष्ट तूफान छिपे।
मेरे इंगित पर नाच रहा यह फूल-फूल, यह शूल-शूल।
क्या कहा? मृत्तिका!', तुच्छ धूल!'

युग भी बदला, जग भी बदला, मैं अटल, और यह गगन अटल।
मुझसे पूछो, कब विश्व हँसा, पूछो, कब रोई सृष्टि सकल।
ढूँढो, मुझमें ही राम छिपे, बलराम छिपे, घनश्याम छिपे,
मुझमें कितने वैभव विलीन, मुझमें कितने बलधाम छिपे।
मेरी छाती पर अंकित हैं, मानव के लोहू के निशान।
मेरे अन्तरतम में सोते बीती संस्कृतियों के प्रमाण।
मुझमें कितने भूडोल छिपे, कितने ही ऊजड़ नगर-ग्राम।
मेरी आँखों में अंकित हैं मानव के सुख के सुबह-शाम।
मानव अपने को भूल गया, पर मैं कब निज को सकी भूल?
क्या कहा? 'मृत्तिका!', 'तुच्छ धूल!!'

मुझसे पूछो, किसके घर में कितने दिन घी के दीप जले?
मुझसे पूछो, किन आँखों से कितने दिन खारे अश्रु ढुले?
मेरी छाती में लो टटोल, कितने सिंहासन चूर हुए।
ढूँढो, कितने ही राजमुकुट उन्नत शीशों से दूर हुए।
ढूँढ़ो, मुझमें मजनू सोया, लैला का सूखा अश्रुनीर।
ढूँढ़ो, मुझमें है नूरजहाँ, मुझमें लुण्ठित है जहाँगीर।
मेरे कण-कण में चूर्ण बने कितने अपूर्ण अरमान छिपे।
कितने करुणा के गान छिपे, कितने अदृष्ट बलिदान छिपे।
मुझसे जागी, मुझमें सोई, यह दुख-सुख की दुनियाँ समूल।
क्या कहा? 'मृत्तिका!', तुच्छ धूल!!'

मशाल कहाँ है?

रख नहीं सके कमजोर हाथ उसको सँभाल
हमने तुमको सौंपी थी जो जलती मशाल

शंखध्वनि के मतलब को तो जाना होता
आज़ादी की क़ीमत को पहचाना होता
पौरुष लगता है हथकड़ियाँ चटकाने में
सदियाँ लगती हैं एक मशाल जलाने में
क्षणभर में ही निर्णय ले लेना होता है
फाँसी का फंदा या सुविधा की पुष्पमाल?
रख नहीं सके कमजोर हाथ उसको सँभाल
हमने तुमको सौंपी थी जो जलती मशाल

तुम व्यस्त हो गए स्वार्थसिद्धि के धंधों में
सत्ता, कुर्सी, नोटों, वोटों, के फन्दों में
सिद्धियाँ सभी बेमतलब-सी हो जाती है
पीढ़ियाँ ही जब ऐयाशी में खो जाती हैं
उत्तरदायित्व नहीं तो उत्तर मिले कहाँ?
धरती से अम्बर तक केवल जलते सवाल
रख नहीं सके कमजोर हाथ उसको सँभाल
हमने तुमको सौंपी थी जो जलती मशाल

अपनी-अपनी ढपली है, अपना राग यहाँ
सपनों की खेती जली, आग ही आग यहाँ
है लूट, खून, चोरी, दंगा, हड़ताल यहाँ
अलगाव और आतंकवाद का जाल यहाँ
इतिहास भ्रष्ट, सभ्यता नष्ट, निर्माण ध्वस्त
खुशहाली बोने चले मगर पाया अकाल
रख नहीं सके कमजोर हाथ उसको सँभाल
हमने तुमको सौंपी थी जो जलती मशाल

आज़ादी का मतलब है सबके साथ न्याय
आज़ादी का मतलब है समता का उपाय
धरती के दुख-सुख के समान बँटवारे से
आज़ादी का मतलब है भाईचारे से
आज़ादी का मतलब है बलिदानी मस्तक
याचक बनकर सामने खड़ा है महाकाल
रख नहीं सके कमजोर हाथ उसको सँभाल
हमने तुमको सौंपी थी जो जलती मशाल

उनसे कैसी बात?

जिनकी कथनी दिन जैसी है,
जिनकी करनी रात!
उनसे क्या सम्बन्ध हमारे,
उनसे कैसी बात!
भ्रम को गलबाँही दे-देकर
कब तक सत्य चले?
घुँघरू जब घायल करते हों,
कब तक नृत्य चले?
उन्हें सुधा का दानी कहकर दें कब तक सम्मान!
जिनके स्वर्ण-कलश में केवल है विष की सौगात!
उनसे क्या सम्बन्ध हमारे,
उनसे कैसी बात?

जिसकी कीर्ति-कथा पग-पग पर
निष्ठा बेच चली,
उस महानता से तो अपनी
लघुता बहुत भली।
उनके साथ कहाँ तक जाएँ हम मंज़िल की ओर?
भूल-भुलैयों तक जाने की है जिनकी औकात!
उनसे क्या सम्बन्ध हमारे,
उनसे कैसी बात?

कोकिल और पपीहे लेंगे
क्या उस तरु का नाम,
जिसके नीड़ सदा देते हों
गिद्धों को विश्राम!
जिनके दामन में अँधियारा और झकोरे हैं,
दीपों को आशीषें देंगे कब तक झंझावात?
उनसे क्या सम्बन्ध हमारे,
उनसे कैसी बात?

संगमरमर का सपना

दुर्ग आगरे का जब देखने गया था मैं,
और सभी चीजों से एक चीज भाई थी।
दुर्ग के प्रदर्शक ने भावमग्न होकर के,
हाल क्या बताया था, शायरी सुनाई थी॥

एक स्वच्छ कमरा था स्निग्ध संगमरमर का,
भीतरी दिवालों पर रत्न जगमगाते थे।
बेल और बूटों की बात ही निराली थी,
अर्थ यह कि पत्थर पर फूल मुसकराते थे॥

एक कुण्ड सुन्दर-सा बीच में सुहाता था,
जहाँ कभी मुगलों की बेगमें नहाती थीं।
पास खड़ी बाँदियाँ गुलाबजल ढालती थीं।
अर्क ज्यों गुलाब का गुलाब पर चढ़ाती थीं॥

सामने शमाएँ लहराती बलखाती थीं।
बिम्ब रत्न-मणियों में झूम-झूम जाते थे।
गन्ध की तरंग आसपास दौड़ जाती थी,
कुण्ड में अनेक चाँद साथ मुसकाते थे॥

चूम स्वस्थ अंगों को नीर झूम उठता था,
झूमती तरंगों में रोशनी सिहरती थी।
पलकें मदमाती थीं, अलकें छितराती थीं,
रेशमी घटाओं से चाँदनी बिखरती थी॥

बेगमें नहाकर जब कुण्ड से निकलती थीं,
गीले पट देह से लिपट रह जाते थे।
बड़े-बड़े नीर-कण अश्रु-बिन्दुओं की भाँति,
रूप से वियोग की कहानी कह जाते थे॥

ओस में नहाई हुई चम्पा की कलियों-सी,
बेगमें हरम की दिशा में जब आती थीं।
आगे-आगे रूप का उजाला लहराता था,
पीछे-पीछे पीर का अन्धेरा छोड़ जाती थीं॥

आज वे हरम नहीं और बेगमें भी नहीं,
एक दर्शनीय स्थानमात्र हैं नहानघर!
जहाँ कभी रूप की छटाएँ देखने के लिए,
रवि की भी ज्योति आती थी छन-छनकर।

निधि कौन सी है जो कि नष्ट नहीं होती है?
स्वप्न कौन सा है जो कि टूट नहीं जाता है?
कौन सा नशा है जो उतार पर आता नहीं?
जाम कौन सा है जो कि फूट नहीं जाता है?

नित्य ही यथार्थ आदमी को झकझोरते हैं,
किन्तु स्वप्नलोक की दिशा में पाँव बढ़ते हैं
फूल मुरझाते हैं, पराग उड़ जाता है,
भ्रमर परन्तु प्यार ही के मन्त्र पढ़ते हैं॥

तृप्ति यहाँ किसकी हुई है साधारण से?
खोजता विशेष को मनुष्य चला आया है।
नर्क खींचता ही रहा पाँव आदमी का किंतु,
हाथ स्वर्ग ही की ओर उसने बढ़ाया है।

तृप्ति झोंपड़ी में न थी, महल चुनाए गए,
महल अरक्षित थे, दुर्ग बनवा लिए।
कक्ष इन्द्राणी के उतारे रनिवासों में,
साज सभी स्वर्ग के धरा पर सजवा लिए॥

काल की कठोर धूप आँख जब खोलती है,

वैभव के फूल की पंखुरियाँ मुरझाती है।
ताज और तख्त डूब जाते हैं रसातल में,
शीशमहलों की यादगारें रह जाती हैं॥

देर तक शीशे के महल में खड़ा हो मैं,
सोचा किया—लोग क्यों महल बनवाते थे?
काल की कराल आँधियों की ओर पीठ कर,
वैभव के दंभ की दीवालें उठवाते थे॥

शीशमहलों में क्यों बेगमें नहाती थी?
धार यमुना की जब पास लहराती थी?
सूर्य और और चन्द्र का प्रकाश लगा फीका-सा,
रोशनी शमाओं की इतनी क्यों भाती थी?

आज भी नदी के तीर भीड़भाड़ दिखती है,
सैकड़ों घरों की कुल वधुएँ नहाती हैं।
चन्द्रमा गलाता नहीं, सूर्य भी जलता नहीं,
क्यों न ये कपूर-सी हवा में उड़ जाती है?

बेगमें नहीं है, रानियाँ भी तो नहीं हैं ये,
रानियाँ अगर हैं तो रानियाँ घरों की हैं।
धरती की बेटियाँ हैं, उड़ती हवा में नहीं,
परियाँ अवश्य हैं, परन्तु बेपरों की हैं!

जल से नहाती हैं, गुलाब जलवाली नहीं,
फिर भी गुलाब को गुलाबी कर जाती हैं।
यमुना की रेत पाँवड़ों-सी बन जाती हैं।
घूँघट की ओट में शमाएँ लहराती हैं॥

सदियाँ व्यतीत हुईं, दुर्ग मुगलों का यह,
यमुना के तीर पर खड़ा है यादगार-सा।
सो गए नगाड़े, स्वर सोए शहनाई के,
द्वार दिखता है बिना तार के सितार-सा॥

शीशमहलों में बेगमों की धूमधाम नहीं,
कुण्ड में नहीं है आज एक कण नीर का।

रत्न-रत्न रोता है सूने राजमहलों में,
फूल-फूल हँसता है यमुना के तीर का॥
स्वप्न सम्राटों के चार दिन चलते हैं,
जनता के स्वप्नों का क्रम ही अनन्त है।
पतझड़ है आज बेगमों के हम्मामों में,
यमुना के घाट पर वसन्त ही वसन्त है॥

मैं हूँ फूल गुलाब का

मस्त बहारों का राजा हूँ, मैं हूँ फूल गुलाब का

पूरे चौक दूब के ऊपर जाने वाली रात ने
चूम लिए वे मोती आती हुई सुबह की वात ने
कोयल ने मंगल गाए जब मैं मुस्काया डाल पर
ऊषा ने कुमकुम मल डाली मेरे कोमल गाल पर
मुजरा करके बुलबुल बोली बड़ी अदा में झूमकर
'कबसे इन्तज़ार करती थी बाँदी यहाँ जनाब का'
मस्त बहारों का राजा हूँ, मैं हूँ फूल गुलाब का

बूँद छुए जो मेरे उर को वह केसरिया नीर है
जिस धरती पर मैं हँसता हूँ, वह धरती कश्मीर है
मेरे साथ बहे जो झरना, वह झेलम से कम नहीं
मेरे चरणों पर जो बिखरे, मोती हैं, शबनम नहीं
मुझे देखकर शरमाते हैं सुन्दर फूल 'निशात' के
मेरी गन्ध उमड़कर बहती जैसे वेग चिनाब का
मस्त बहारों का राजा हूँ, मैं हूँ फूल गुलाब का

मैं क्या महक गया, मधुवन में कलियाँ मुस्काने लगीं
रंग-बिरंगे पर फड़काकर सब चिड़ियाँ गाने लगीं
रवि की मृदुल सुनहरी किरणें नाचीं मुझको घेरकर

सौरभमई हवा ले आई सौ-सौ भौरें टेरकर
लजवन्ती तितलियाँ नशे में झूम लिपट मुझसे गईं
जो सबको दीवाना कर दे, मैं हूँ जाम शराब का
मस्त बहारों का राजा हूँ, मैं हूँ फूल गुलाब का

हरे-हरे पातों की शैया पर मेरा विश्राम है
मैं हूँ आज जवान कि कल की चिन्ता का क्या काम हैं?
हम जितने भी फूल सभी तो माटी के श्रृंगार हैं
मैं सबसे अनमोल इसी से काँटे पहरेदार हैं
जीवन का उन्माद समय के कीटों से डरता नहीं
मैं सबसे रंगीन पृष्ठ हूँ छवि की खुली किताब का
मस्त बहारों का राजा हूँ, मैं हूँ फूल गुलाब का

ठहर जाऊँ?

ठहर जाऊँ, घड़ी-भर बात कर लूँ,
मगर इतना मुझे अवकाश कब है?

समय के पाँव बढ़ते जा रहे हैं,
कि यह दुनिया बदलती जा रही है।
हमारी जिन्दगी है धार ऐसी
कि जो दिन-रात चलती जा रही है।
    धरित्री जो तुम्हें जड़ दिख रही है,
    निरन्तर वह धुरी पर घूमती है।
    गगन में झूलती नक्षत्र-माला
    चरण गति के निरन्तर चूमती है।
कई तूफान आँचल में समेटे
निगोड़ी साँस दौड़ी जा रही है!
इसे रोकूँ कि मुड़कर बात सुन ले,
मगर ऐसा इसे अभ्यास कब है?
    ठहर जाऊँ, घड़ी-भर बात कर लूँ,
    मगर इतना मुझे अवकाश कब है?
पहाड़ों के हृदय में भी व्यथा है,
किसी से वे मगर कहते नहीं है।
हमारी एक कमजोरी यही है
कि हम चुपचाप दुख सहते नहीं हैं!

यहाँ हर रोज कलियाँ सूखती हैं,
यहाँ हर रोज सपने टूटते हैं;
हिलोरें शीश धुनती जा रही हैं,
किनारे रोज पीछे छूटते हैं।

उठाता है करोड़ों हाथ सागर,
मगर कब चाँद को वह छू सका है?
यहाँ पुरती किसी की आस कब है?
यहाँ बुझती किसी की प्यास कब है?

ठहर जाऊँ, घड़ी-भर बात कर लूँ,
मगर इतना मुझे अवकाश कब है?

तुम्हारी आह में कितनी तपिश है,
इसे मेरा हृदय ही जानता है।
तुम्हारे गीत में कितनी कशिश है,
महज मेरा हृदय पहचानता है!

मगर संसार ऐसा कारवाँ है
कि जो बेपीर बढ़ता जा रहा है!
इसे फुरसत कहाँ यह जानने की
कि कोई रो रहा या गा रहा है!

यहाँ तो कर्म की लू चल रही है,
गगन है तप्त, धरती जल रही है!
सचाई की मरुस्थल-सी तपन में
पनपता स्वप्न का मधुमास कब है?

ठहर जाऊ, घड़ी-भर बात कर लूँ,
मगर इतना मुझे अवकाश कब है?

मिली है जिन्दगी, जीना पड़ेगा,
हृदय के घाव को सीना पड़ेगा!
हलाहल सामने यदि आ गया है,
उसे भी प्यार से पीना पड़ेगा!

बटोही हूँ, मुझे चलना पड़ेगा,

हृदय को दर्द में ढलना पड़ेगा!
अँधेरे में, भयंकर आँधियों में,
तपस्वी दीप-सा जलना पड़ेगा!
हमारे प्राण ही जब बँध गए हैं,
अगर तन दूर तो अफसोस क्या है?
जिसे संसार कंचन मानता है,
मुझे उस धूल पर विश्वास कब है?
ठहर जाऊँ, घड़ी-भर बात कर लूँ,
मगर इतना मुझे अवकाश कब है?

गाँव जाकर क्या करेंगे

गाँव जाकर क्या करेंगे?
वृद्ध-नीमों-पीपलों की छाँव जाकर क्या करेंगे?

जानता हूँ मैं कि मेरे पूर्वजों की भूमि है वह
और फुरसत में सताती है वहाँ की याद रह-रह
ढह चुकी पीढ़ी पुरानी, नई शहरों में बसी है
गाँव ऊजड़ हो चुका, वातावरण में बेबसी है
यदि कहूँ संक्षेप में तो जहाँ मकड़ी वहीं जाली
जहाँ जिसकी दाल-रोटी, वहीं लोटा और थाली

शहर क्या है, व्यावसायिक सभ्यता का जुआघर है
हार बैठे हैं सभी तो दाँव, जाकर क्या करें?
गाँव जाकर क्या करेंगे?

अनगिनत विद्युत शिखाओं में दिए को कौन देखे
गीत-नृत्यों की सभा में मर्सिए को कौन देखे
राजपथ को छोड़कर पगडण्डियों तक कौन आए
छोड़कर बहुमंज़िलें, कच्चे घरों में कौन जाए
छोड़कर मुद्रित किताबें पाण्डुलिपियाँ कौन बाँचे
तरण-तालों को भुला नदिया किनारे कौन नाचे

छोड़कर टी.वी., सीनेमा, होटलों की जगमगाहट
सिर्फ़ कागा की जहाँ है काँव, जाकर क्या करेंगे?
गाँव जाकर क्या करेंगे?

गाँव जंगल में बसा, अब तक सड़क पहुँची नहीं है
तड़क नल की औ बिज़ली की भड़क पहुँची नहीं है
डाकुओं का घर वहाँ है, कष्ट का सागर वहाँ है
है कुएँ सौ हाथ गहरे, दर्द की गागर वहाँ है
भग्न-सा मन्दिर पड़ा है, एक-सी होली-दिवाली
देवता की मूर्ति भी तो मूर्ति चोरों ने चुराली
वे चरण भी तो नहीं, छूकर जिन्हें आशीष पाते
सिर छिपाने को नहीं है ठाँव, जाकर क्या करेंगे?
गाँव जाकर क्या करेंगे?

चार दशको से वहाँ मैं चाहकर भी जा न पाया
वहाँ है भी कौन जिसने प्यार से हमको बुलाया
सभी शहरों में बसे, बूढ़े हुए हैं साथ वाले
गाँव के सब घर हुए खँडहर, नहीं दिखते उजाले
सभी नातों और रिश्तों की नदी सूखी हुई है
अजनबी सबके लिए हम, हर नज़र रूख़ी हुई है
एक छुटपन की सहेली, रूप की जो राधिका थी
जो कि मेरे स्वप्नगीतों के सुरों की साधिका थी
सुना है, उसको उठाकर ले गए निष्ठुर सितारे
राख भी उसकी मिलेगी नहीं नदिया के किनारे

मन जहाँ क्रन्दन करेगा, पाँव जाकर क्या करेंगे?
गाँव जाकर क्या करेंगे?
वृद्ध नीमों-पीपलों की छाँव जाकर क्या करेंगे?

हाथ कभी मिलें नहीं

मेरा हाथ सूरज की मदमाई किरणों-सा
लाल है, गरम है।
तेरा हाथ चन्दा की शरमाई किरणों-सा
शुभ्र है, नरम है।
दोनों मिल जाएँ तो क्या होगा?
गर्म होगा चन्दा, या सूरज ठण्डा होगा।
अथवा यदि यह न हुआ
चाँद और सूरज के मिलने से
आभा घुट जाएगी,
दुनिया के हाथों में मावस रह जाएगी।
इसीलिए कहता हूँ—
मिलकर हम चलें नहीं।
हाथ बढ़े रह जाएँ किन्तु कभी मिलें नहीं।

मेरा हाथ सूरज-सा
किरणों के जाल बुने,
पौरुष के काम करे,
वृक्षों को फूल और फल से सम्पन्न करे,
गन्ध, रूप, रस की बरसात करे,
जड़ में चैतन्य भरे,
धरती की छाती भर जीवन के छंद लिखे।

मेरा ताप दुनिया से सहा नहीं जाए जब,
कर्मों की गर्मी से दुनिया घबराए जब,
तेरा हाथ सन्ध्या-सी छाँह करे।
डूबूँ मैं धुँधले अस्ताचल पर,
तेरा कर घर-घर के आँगन में दीप धरे।
कोलाहल-त्रस्त सभी नीड़ों में मौन भरे।
श्रम का परिहार करे।
गन्ध रातरानी की दूर-दूर फैलाए,
अग-जग पर शुभ्र चन्द्रकिरणों की मन्द-मन्द
दूध-मिली मदिरा-सी बरसाए।
धूलभरे बालों को सुलझाए,
थकी हुई देहों को सहलाए
कानों पर थपकी दे।
अलसाई आँखों में नींद भरे,
निंदिया के आँगन में सपनों के दीप धरे,
नभ के नक्षत्र सभी दूर-दूर खिलते हैं,
ज्योतिवंत लोग सदा चितवन से मिते हैं,
पास पास रहकर भी दूर-दूर चलते हैं,
इसीलिए कहता हूँ
मिलकर हम चलें नहीं
हाथ बढ़े रह जाएँ
किन्तु कभी मिलें नहीं।

दुर्भाग्य को चुनौती

आँख में चिनगारियाँ मुसका रही है
साँस में अँगड़ाइयाँ-सी ले रहे हैं—
प्रलय के उन्चास दीवाने प्रभंजन!
मुट्ठियों में वज्र को भी पीस देने का
प्रबल संकल्प बन्दी हो गया है!
यह खुली मेरी चुनौती है तुझे दुर्भाग्य मेरे—
खड्ग तेरा टूट जाएगा किसी दिन,
और मेरे वक्ष की चट्टान ज्यों की त्यों रहेगी।
वार करते हाथ थक जाएँ कभी तो—
साँस ले लेना, सुखा लेना पसीना।
पुनः दुगनी शक्ति से तू वार करना।
और—
तेरे खड्ग की यदि धार कुंठित हो कभी तो—
उसे मेरे वक्ष की चट्टान पर ही तेज़ करना।
युद्ध तेरा और मेरा धर्म का हो,
है तुझे सौगन्ध—
मुझको बीच में ही पीठ दिखलाकर कहीं मत भाग जाना!
वीरता के दर्प में भर जूझ मुझसे,
झेल तू भी वक्ष का तूफ़ान मेरा!
बस यही चिन्ता मुझे है आज केवल,—
रह नहीं जाए अधूरा कहीं तेरे भागने से

यह अथक रण-दान मेरा!
ध्यान ही मैंने नहीं तुझ पर दिया था,
तू समझता रहा—
मैं मुँह मोड़ता हूँ!
त्रस्त होकर दूर तुझसे भागता हूँ!
तुझे शंका के लिए कारण मिले जो—
ठीक भी थे!
जब कभी तूने किया उत्पात कोई,
जब कभी तूने शुरू की छेड़खानी,—
लाल ओठों में सुधाकण खोजती-सी,
स्याह अलकों में सितारे ढूँढ़ती-सी,
नर्म बाँहों में व्यथाएँ भूलती-सी,
व्यर्थ ही भटकी बहुत मेरी जवानी!
नायलौनी अंचलों की ढाल ओढ़े
मैं चला था वज्र के आघात सहने!
जब कभी तूने किया था वार कोई—
पास मित्रों के गया मैं दर्द कहने,
स्नेह की सहयोगवाली बाँह गहने!
वह कभी पाई न मैंने!
मित्र मेरे, काश, मेरे शत्रु होते!
मैं कभी उनके भरोसे तो न रहता!
बहुत पहले ही तुझे ललकार देता!
आँख से उपहार में
आँसू नहीं, अंगार देता!
खैर, मेरी भ्रान्तियों का मूढ़ युग भी
आज अन्तिम साँस अपनी ले चुका है!
मैं तुझे खुलकर चुनौती दे रहा हूँ—
सिर्फ़ अपनी दो भुजाओं के भरोसे!
तेज़ कर ले आज कुण्ठित खड्ग अपना,

वक्ष की चट्टान मैंने खोल दी है।
सन्धि की कोई करे यदि बात तो
धिक्कार उसकी ज़िन्दगी पर!
काँपता है हाथ?
फिर से मूठ को कसकर पकड़ ले!
मार फिर तलवार अपनी!
इस सुलगते वक्ष को
कुछ घाव-रूपी गुदगुदी महसूस करने का समय दे
मर्त्य होकर भी अमर हूँ भीष्म-सा मैं,
युद्ध में मुझ पर विजय पाना कठिन है!
मारना ही चाहता है यदि मुझे तू
ओ, कुटिल दुर्भाग्य मेरे!
तो शिखण्डी बन,
मुझे हथियार तजने के लिए
मजबूर कर दे!

वेदना के 'आटोग्राफ'

कौन है जो नहीं तुमको जानता है?
यह भरे बादल सरीखा वेश
सबका नित्य पहचाना हुआ।
क्षीण विद्युत-रेख-सी काया तुम्हारी,—
घोर चिन्ता से सघन कुन्तल तुम्हारे,—
आँसुओं के बिन्दुओं-सी तरल आँखें,—
गरल की रेखा सरीखे ओंठ पतले!—
झूमती गहरी निराशा-सी तुम्हारी स्याह साड़ी,—
हम सभी पहचानते हैं।

इस जगत में सब जगह घूमी-फिरी हो तुम।
कुशल अभिनेत्री, अनोखी सुन्दर हो तुम।
विश्व की अभिनेत्रियों से लोग जब मिलते,—
अचानक घेरकर उनको—
बढ़ा कर डायरी अपनी
सभी यह याचना करते कि—
मीठे शब्द दो लिख दें।
अगर सम्भव न हो तो
सिर्फ 'आटोग्राफ' ही दे दें।

मगर तुम हो कि
तुमको घेरने से लोग डरते हैं

समय के यान से आकर
अचानक तुम उतरती हो।
कभी मेरे, कभी इनके,
कभी उनके यहाँ जातीं।
कभी घण्टों, कभी दिवसों,
कभी महीनों, कभी बरसों
जहाँ चाहो ठहर जातीं।

बुलाकर पास लोगों को
मँगाती 'डायरी' उनसे।
बिना अनुरोध के ही,
तुम अनेकों पंक्तियाँ लिखतीं।
बिना संकोच के चुपचाप 'आटोग्राफ' दे देतीं।
न कोई फीस लेती हो,
न कुछ मनुहार करवातीं।
अनोखी सुन्दरी हो तुम!
अनेकों बार मेरे भी यहाँ
आई–गई हो तुम।

हुई हैं प्यार से बातें
कभी घण्टों, कभी हफ्तों।
मगर इस बार मेरे पास
बरसों से रूकी हो तुम।
बड़ी भारी कृपा है–जो मुझे अपना समझती हो।
ठहरने योग्य, रहने योग्य मेरा घर समझती हो।
अचानक आज यों ही घूमने
बाहर गई जब तुम,
उठाकर जिन्दगी की 'डायरी' मैंने जरा देखी।

तुम्हारे नील 'आटोग्राफ' को हर पृष्ठ पर पाया।
कहीं कोई जगह, कोई सतर बाकी नहीं छोड़ी
इरादा कर लिया है आज यह मैंने कि

जब तुम लौट करके आज आओगी,–
तुम्हीं से प्रश्न पूछूँगा–
कि 'आटोग्राफ बुक' को 'नोटबुक' कैसे बना डाला?
बिना मांगे हुए क्यों लाख 'आटोग्राफ' दे डाले?
इधर पिछले दिनों में या महीनों में
न 'आटोग्राफ' का ग्राहक मिला
शायद तुम्हें कोई।
कसर सबकी निकाली सिर्फ मेरी 'डायरी' पर ही।
सुनो, ओ, वेदना–रानी!
नहीं अच्छा किया तुमने–
कि सुख के और सुविधा के
मधुर हस्ताक्षरों के हेतु
पन्ना भी नहीं छोड़ा।
सजा इसकी यही है बस
कि मेरी 'डायरी' अब तुम सँभालोगी।
लिखा है सिर्फ पहले पृष्ठ पर ही नाम बस मेरा।
रँगे हैं और पन्ने तो तुम्हारे नाम से केवल।
कहो?–
उपहार के दो शब्द पहले पृष्ठ पर लिखा दूँ?
कहो तो नाम अपना काट दूँ?
अपनी कलम से ही।
कहो तो फाड़ दूँ अपने करों से
नाम का पन्ना।
तुम्हारी 'डायरी' है यह,
तुम्हारी ही रहेगी भी।
कभी संसार दखेगा,–
अनोखी 'डायरी' है यह
कि जिसमें वेदना ही वेदना के दस्तखत लाखों।
सदा हस्ताक्षरी देती रहोगी

इस जगत को तुम।
मगर अनुरोध मेरा है कि
बस इतनी कृपा करना,–
किसी की रम्य 'आटोग्राफ-बुक' को तुम
सुलेखन के लिए अभ्यास-पुस्तक मत बना लेना।

पुराने पत्र

ये पुराने पत्र भी मन को बड़ा सन्तोष देते हैं।
खोल देते हैं मुँदे-से पृष्ठ जीवन के,
धूल की परतें हटाकर जोश देते हैं
जोश–दुनिया से निरन्तर जूझने का,
जिस तरह जूझा किया बीते दिनों में।
जोश–विष के बीच अमृत खोजने का,
जिस तरह खोजा किया बीते क्षणों में।
हर पुराना पात्र
सौ-सौ यादगारों का पिटारा खोलता है,
मीत कोई दूर का, बिछुड़ा हुआ-सा,
पास आत है, लिपटता, बोलता है।
कान में कुछ फुसफुसाता है,
हृदय का भेद कोई खोलता है।
हर पुराना पत्र है इतिहास आँसू या हँसी का,
चाँदनी की झिलमिलाहट या अन्धेरे की घड़ी का।
आस का, विश्वास का, या आदमी की बेबसी का।
ये पुराने पत्र–
जीवन के सफर के मील के पत्थर समझ लो,
मर चुका जो भाग जीवन का,
उसी के चिन्ह ये अक्षर समझ लो।

आप, तुम या तू
इन्हीं सम्बोधनों ने स्नेह का आँचल बुना है।
स्नेह यह समझे नहीं तो—
'क्या लिखा है? क्या पढ़ा है? क्या गुना है?'
ये पुराने पत्र—
जैसे स्नेह के पौधे बहुत दिन से बिना सींचे पड़े हों।
काल जिनके फूल-फल सब चुन गया है,
इन अभागों को भला अब कौन सींचे!
रीति यह संसार की सदियों पुरानी,
सींचने वाले नए पौधे हमेशा सींचते हैं।
इन पुरानी पातियों का क्या करूँ फिर?
(चार आने सेर भी लेगा न कोई ढेर रद्दी का पुराना)
क्या करूँ फिर?
क्या जला दूँ पातियाँ ये,
जिन्दगी के गीत की सौ-सौ धुनें जिनमें छिपी हैं।
किन्तु यह क्या? भावना क्यों काँपती है?
आग की लौ दूर ही क्यों हाँफती है?
फूँक दूँ यह स्वर्ण? लेकिन सोच लूँ फिर—।
भस्म इसकी और भी महँगी पड़ेगी।
तब? जलाऊँगी नहीं मैं पातियाँ ये।
जिन्दगी भर की संजोई थातियाँ ये।
साथ ही मेरी चिता के
ये जलेंगी।

अँधेरे की फसल

दूर तक फैले शरद के मेघ,
और उनमें कुछ गुलाबी, कुछ सुनहला रंग!
रवि–चितेरा है अभी ही तो गया–
अनमना-सा, कूँचियाँ अपनी घुमा!
चित्रपट-सा रह गया आकाश है।
साँझ आई है यवनिका डालने,
आँजती काजल दिशा की आँख में।
भर रही है कुछ अजब-सी व्यग्रता–
नीड़ की ममता विहग की पाँख में।
एक तारा है पछाहीं व्योम में,
कुंतलों में मोगरे के फूल-सा।
भूमि पर हैं झिल्लियाँ झनकारतीं।
दीप पुरवे में कहीं है जल रहा।
भूकते हैं श्वान दूरी पर कहीं,
आरती की झाँझ की आवाज़ सुन।
सर्प-सी पगडण्डियों की ओर से
आ रही है एक छायामूर्ति-सी,–
जिस तरह आती किसी कवि-वक्ष में
दर्द-डूबे गीत की पहली कड़ी।
कौन हो तुम, आ रहे जो इस तरह

डगमगाती, लड़खड़ाती चाल से?
हर चरण पर शब्द होता है कि ज्यों—
आह उठती हो धरा के वक्षसे!
तुम कृषक हो? आ रहे हो खेत से?
झूमती-गाती फसल के लोक से?
शीष पर गट्ठर, हृदय पर बोझ ले?
घाम से काला हुआ मुखड़ा, मगर
हाथ बेटी के न पीले हो सके?
आँख से गंगा बहुत उमड़ी, मगर
पग महाजन के न गीले हो सके?
बैल जोड़ी हो गई बीमार है?
या कि लड़का है न कहना मानता?
या किसी से बात कड़वी हो गई?
या मिला कोई दुखद सन्देश है?
चल रहे हो लड़खड़ाते वाक्य से,
क्या तुम्हारी खिन्नता का भेद है?

मित्र! तुम तो आ रहे हो खेत से
झूमती-गाती फसल के लोक से!
इसलिए कुछ गुनगुनाना चाहिए!
पाँव मस्ती में बढ़ाना चाहिए!!

किन्तु तुम तो दिख रहे ग़मगीन हो!
किन दुखों, किन उलझनों में लीन हो?

हम उदासी फिरें तो ठीक है,
क्योंकि हम हैं लोग बाबू-वर्ग के!
फाइलों के ढेर के नीचे दबे!
चन्द नोटों के लिए बिगड़े, बिके!

किन्तु तुम तो दूत हो निर्माण के!
वायु-से घूमो-फिरो स्वच्छन्द तुम,
मुक्त भू पर, मुक्त अम्बर के तले।

धूल को कंचन बनाते हो तुम्हीं,
फूल काँटों में खिलाते हो तुम्ही।
रक्त को उर्वर बनाते हो तुम्हीं।
स्वेद से मोती उगाते हो तुम्हीं॥
सभ्यता जिसमें छिपाती लाज है—
वह रूई भी तो उगाते तो तुम्हीं,—
स्वयम् अधनंगी दशा में घूमकर!

यह तुम्हारी देह है फौलाद-सी,
चाम जिस पर है कवच-जैसी चढ़ी!
छिन्न कर सकते नहीं जिसको कभी—
वाण सर्दी, ग्रीष्म या बरसात के!

तुम नए युग के नवीन दधीचि हो,
हड्डियों का दान देते नित्य ही।
कम नहीं हो तुम किसी भी कर्ण से—
शूरता में, धैर्य में या त्याग में।
भीष्म-जैसा प्रण तुम्हारा है अटल।
बिद्ध वाणों से तुम्हारी देह है!

किन्तु तुम हो भूमि पर चल-फिर रहे।
हो नहीं लेटे पितामह की तरह—
उत्तरायण की प्रतीक्षा में विकल!—
कोई देव तुम नभ के नहीं!
इस क्षमाशीला धरा के पुत्र हो!—

फोड़ दे हल से कि जो चट्टान को,
जो कि हँसिए की चमकती धार से—
साफ कर दे दूर तक मैदान को,—
वह शरद की इस सुहानी साँझ में—
सिर झुकाए राह पर गुमसुम चले,—
बोझ चिन्ता का लिए मन-प्राण पर!

तुम अगर रोए,–
हिमालय के नयन भर आएँगे!
मुस्कराओ भी तनिक श्रम-देवता!
तुम उदासी के लिए जन्मे नहीं!
हाँ, उठाओ वज्र जैसे हाथ में–
वह प्रखर हँसिया सुबह के सूर्य-सा।
और काटो, और काटो वेग से,
दूर तक फैली–
अँधेरे और चिन्ता की फसल!

काँटे और दामन

काँटे फाड़ रहे हैं दामन, कलियाँ कौन चुनेगा?
इस आपाधापी के युग में कविता कौन सुनेगा?

चाँद और तारे आकर्षक हैं पहले जैसे ही,
अब उन तक मानव जाएगा अणु चालित यानों पर।
पारिजात हों या परियाँ हों लाख स्वर्ग में लेकिन,
कौन वहाँ तक चढ़े शब्द या स्वर के सोपानों पर?
सुर-नर-मुनि जब वस्त्र-त्याग की मुद्रा में बैठे हैं,
रे कबीर! तू झीनी-झीनी चादर व्यर्थ बुनेगा!
इस आपाधापी के युग में कविता कौन सुनेगा?
फीका हुआ गुलाब, चमेली है सहमी-सहमी-सी,
इन सब पर कोई बारूदी घटा घिरी आती है।
भौरों की गुंजार एक सन्नाटे ने छीनी है,
उपवन है खामोश, गन्ध भी डरी-डरी आती है!
झंझाओं के केश दिशाओं में जब बिखर रहे हों,
तब तितली, किसलय, कोकिल की भाषा कौन गुनेगा?
इस आपाधापी के युग में कविता कौन सुनेगा?
मुखर हुआ कोलाहल मोटर, रेल, वायुयानों का,
पनघट जाती हुई वधू की पायल डूब गई है।
प्राणहीन त्यौहार कि मौसम रंगहीन लगते हैं,

चकित खड़ी है मौत, ज़िन्दगी खुद से ऊब गई है!
अर्थ चक्र में हम जीवन का अर्थ गँवा बैठे हैं,
युग अभाव का है, भावों का सिक्का नहीं भुनेगा!
इस आपाधापी के युग में कविता कौन सुनेगा?

ज्योति-पुत्र बन गए मुसाहिब अन्धकार के घर में,
धर्म, ज्ञान, विज्ञान, कला की निष्फल हुई तपस्या!
मूल्यवान बनने के क्रम में मूल्य सभी खोए हैं,
मुश्किल को हल करने वाले खुद बन गए समस्या!
धरा-मेरु जब डोल रहे हों, शेषनाग विचलित हो,
तानसेन की मधुर तान पर माथा कौन धुनेगा!
इस आपाधापी के युग में कविता कौन सुनेगा?

ग़ज़लें, मुक्तक एवं दोहे

झूम-झूम जो गाए है

मेरे भीतर बैठा-बैठा झूम-झूम जो गाए है
वह तेतीस कोटि देवें का सारा सोम पचाए है

मेरे मन-मन्दिर के अन्दर कोई ऐसी प्रतिमा है
मैं जब-जब गाने लगता हूँ, गीत भजन बन जाए है

काँच-गली इस कारण ही नंगे पाँवों घूमा हूँ
क्भी-कभी इन काँचों से भी शीशमहल बन जाए है

मावस ने तो अँधियारे से दिशा-दिशा रँग डाली है।
अपने भीतर का ध्रुवतारा मुझको राह दिखाए हैं

उस बारहमासी गुलाब की मस्ती का आभारी हूँ
नागफनी के जंगल में भी आँखें में मुसकाए है

कपिलवस्तु का सिंहासन हो, यशोधरा हो, राहुल हो
फिर भी दर्द-दिवाना गौतम सन्यासी बन जाए है

जब-जब कोई कंस बजाता दुंदभियाँ अन्यायों की
वृंदावन में एक बाँसुरी दुगुनी धूम मचाए है

जब-जब अम्बर आग उगलता, जब-जब धरती झुलसाती
श्याम घटा-सा माँ का आँचल माथे पर लहराए है

प्रथम-मिलन

दिए को लजाकर बुझाया गया है,
शलभ मुस्कराकर बुलाया गया है!
अँधेरी निशा है, अँधेरी अलक है,
अलक से निशा को लजाया गया है!
अमावस गगन में ठगी-सी खड़ी है,
नया चाँद भू पर उगाया गया है!
नगों से जड़ी मुद्रिकाएँ दमकतीं,
कि मन तारकों का लुभाया गया है!
महकता वसन है, महकती जवानी,
चमन के पवन को झुमाया गया है!
अरुण लोचनों में लगा श्याम अंजन,
उषा को तिमिर में डुबाया गया है!
सुरा के बिना, प्यालियों के बिना ही
नशा आज मुझको कराया गया है!
तुम्हारे कहीं चुभ न जाएँ सुमन ये
इन्हें सेज पर क्यों बिछाया गया है?
अमरता खड़ी पास ही हाथ जोड़े,
प्रथम प्यार में जग भुलाया गया है!
मिलन की निशा भी अनोखी निशा है,
धरा पर गगन को झुकाया गया है!

शंख को टेरती बाँसुरी

बढ़ रही है लहर आसुरी
हर तरफ एक पैनी छुरी

शिष्टता को कुचलने चली
दुष्टता की अपावन धुरी

जुल्म गोकुल पे ढाने लगी
कंस राजा की मथुरापुरी

रास के रंग फीके हुए
ब्रज में आतंक की झुरझुरी

स्याह यमुना का पानी हुआ
फूँक है कालिया की बुरी

कोई पर्वत उठाने बढ़े
साथ देगी समूची पुरी

युद्ध की घोषणा के लिए
शंख को टेरती बाँसुरी

यातनाएँ

यातनाओं भरे सब प्रहर हो गए
सारे सम्बन्ध जैसे ज़हर हो गए

शब्द जिते सुने फूल ही फूल थे
अर्थ जितने लगाए क़हर हो गए

चाँद की या सुधा की शिकायत करें
आग जैसे हमारे अधर को गए

स्वप्न कितने नदी ने सँजोए मगर
कुछ हुए रेत तो कुछ लहर हो गए

उनके सिद्धान्त क्या? उनकी क्या आस्था?
रातभर में इधर से उधर हो गए

नीड़ में अब उन्हें रोकना व्यर्थ है
कल फुदकते थे जो, उनके पर हो गए

शील जितना सहनशील होता गया
आतताई अधिक उग्रतर हो गए

वेष क्या हो गया? देश क्या हो गया
जो ख़बरदार थे, बेख़बर हो गए

जिनके साए में हम अग्निपथ पर चले
वे कृपा-मेघ जाने किधर हो गए

जंगलों से निकलकर बसाए थे घर
जंगलों से ख़तरनाक घर हो गए

सपने

मुझे सपने दिखाओ मत कि सपने टूट जाते हैं,
न अपनापन दिखाओ तुम कि अपने छूट जाते हैं!

'न खो जाना रसीली तान में' कल फूल कहते थे,–
'भ्रमर हमको रसीले गीत गाकर लूट जाते हैं!'

कहानी सिन्धु-मंथन की यही फिर-फिर जताती है,
सुधा लेकर हलाहल के पिलाए घूँट जाते हैं!

मुझे कल रात रो-रोकर बताया एक बच्चे ने,–
'घरौंदे मत बना लेना, घरौंदे फूट जाते हैं!'

किनारे कह रहे थे, 'लौटकर आती नहीं लहरें,
वचन सौ-सौ मिले हों, पर निकल सब झूठ जाते हैं!'

छिपाकर चन्द्रमा को, सिन्धु से काली घटा बोली–
'छटा के देवता ये अर्चना से रूठ जाते हैं!'

कुछ मुक्तक

जिसका कि छल परिणाम हो, विश्वास हो धिक्कार है
जिसमें पराजय की कथा, इतिहास को धिक्कार है
धिक्कार उस तकदीर को जिसमें लिखी हों ठोकरें
जो सिर झुकाने पर बुझे, उस प्यास को धिक्कार है

हो बेसुरी जिसकी लहर, झनकार का क्या मोल है?
जो बेअसर हो, उस नयन-जलधार का क्या मोल है?
जो चन्द्रमा जैसा दिखे, पर राहु बन करके ग्रसे
उस रूप का क्या मोल है? उस प्यार का क्या मोल है?

संघर्ष से हो भय जिसे, यौवन भला किस काम का
गरजे, मगर बरसे नहीं, सावन भला किस काम का
किस काम का वह स्वप्न है जो सत्य से वंदित न हो
जो मौत पर हावी न हो, जीवन भला किस काम का

जो प्रेरणा से हीन हो, उस प्रीति से क्या लाभ है
जो भावना से हीन हो उस मीत से क्या लाभ है
क्या लाभ है उस साँस से जो वायु को सौरभ न दे
आँसू न जिस पर मुग्ध हों, उस गीत से क्या लाभ है

यदि स्नेहमय बाती नहीं, दीपक जलाना व्यर्थ है
उन्माद मंज़िल का नहीं, तो पग बढ़ाना व्यर्थ है
सोए हुए जागें नहीं तो भैरवी बेकार है
प्यासी धरा पर ओस की बूँदें गिराना व्यर्थ है

इन्सान है जो दे सुधा, विष की सुराही ले सके
है फूल पूजा का कि जो सिर पर तबाही ले सके
कविता वही जो धूल का अभिषेक चन्दन से करे
कवि है वही जो रोशनी देकर सियाही ले सके

दानी जिसके पीछे दौड़े, उसको सच्चा याचक समझो,
जिसके स्वर पर लुट-जाय घटा, केवल उसको चातक समझो,
वरदानों के पीछे-पीछे जो दौड़ रहे, भिखमंगे है।,
वरदान चले जिसके पीछे केवल उसको साधक समझो।

जिसको अपना भी ध्यान न हो, केवल उसको ध्यानी समझो,
प्राणों के तार हिलाए जो, सच्चे कवि की वाणी समझो,
पथ के निर्मम पाषाणों पर, युग की चिकनी चट्टानों पर
थम जाय उसे आँसू समझो, बह जाय उसे पानी समझो

हृदय की बात मत पूछो कि जब आनन्द मिल जाए
किसी कवि को कि जब साकार छवि का छन्द मिल जाए
'सुनाओ गीत', यह अनुरोध तुम कर तो रही हो, पर
मधुप गाता नहीं है, जब उसे मकरन्द मिल जाए

हृदय के साथ जो धड़के, उसे अरमान कहते हैं
बसे जो मौन प्राणों में, उसे मेहमान कहते हैं
चिता के साथ जो ठण्डी पड़े, पहचान वह कैसी?
चले अगले जनम भी जो उसे पहचान कहते हैं

जिसे बाँधा न जा पाए, उसे मुस्कान कहते हैं
जिसे टोका न जा पाए, उसे आह्वान कहते हैं
जिसे पोंछा न जा पाए, वहीं तो है खरा आँसू
जिसे जाना न जा पाए, उसे बलिदान कहते है।

हवा है साँस किसकी, जो कि इतराई हुई-सी है?
किरण है देह किसकी, जो कि अलसाई हुई-सी है
गगन किसका दुपट्टा है कि लहराया हुआ-सा है
घटा किसी अलक है जो कि छितराई हुई-सी है

नयन किसके कि सूरज-चाँद इतने जगमगाते हैं
वचन किसके कि कोयल रट रही, अलि गुनगुनाते हैं
मधुर शृंगार है किसका कि मौसम रँग बदलते हैं
सितारे रत्न हैं किसके कि इतने जगमगाते हैं

कली किसकी सहेली है कि इतराई हुई-सी है
उषा किसकी नज़र है जो कि शरमाई हुई-सी है
शिखर किसके उरज हैं जो कि यों माथा उठाए हैं
लहर किसकी जवानी है कि उफनाई हुई-सी है

जवानी चाँद पर आई हुई मालूम होती है
हवा भी आज मदमाई हुई मालूम होती है
दबी झीनी, गुलाबी, रेशमी मुस्कान ओठों में
किसी की आँख शरमाई हुई मालूम होती है

मृदुल उर की लता हिलती हुई मालूम होती है
कली अनुराग की खिलती हुई मालूम होती है
किसी के रूप को दूँ कौन-सी रंगीन उपमा मैं
कि आँचल में शमा जलती हुई मालूम होती है

नशीली तान में कोयल मगन मालूम होती है
कि अपनी ज़िन्दगी मुझको चमन मालूम होती है
निकट ही चाँद बैठा है, पहन गहने सितारों के
मुझे तो आज धरती भी गगन मालूम होती है

प्रणय से हीन जीवन एक नीरस-सी कहानी है
जिसे मिटना नहीं आता, भला वह क्या जवानी है
'पतंगा मिट गया जलकर', भला यह कौन कहता है
दिए की ज्योति ही जलते पतंगे की निशानी है

कुसुम-सी कंटकों के बीच में खिलती जवानी है
डगर की धूल ही प्रत्येक राही की निशानी है
युगों से सुन रही धरती, युगों से सुन रहा अम्बर
हमारी ज़िन्दगी ही एक कविता है, कहानी है

न बोलो ज़ोर से, दीवार के भी कान होते हैं
मिलन के दीप कुछ ही देर के मेहमान होते हैं
न कहना भूल करके भी हृदय की बात दुनिया से
कि दुनिया के हृदय की ठौर पर पाषाण होते हैं।

सिन्धु को अपने हृदय का ज्वार काफ़ी है
ज़िन्दगी को एक ही आधार काफ़ी है
एक क्षण ही प्यार से हम मिल सके लेकिन
उम्रभर को एक क्षण का प्यार काफ़ी है

याद करती हो, यही सम्मान काफ़ी है
कुछ न बोलो, एक मृदु मुस्कान काफ़ी है
प्रेरणा की आग तुमने दी जवानी को
ज़िन्दगी भर को यही अहसान काफ़ी है

कोई है ऐसी बात हवा जो डोल रही
यह भेद प्रकृति के प्राणों का है खोल रही
है प्यार रूप के आराधन का गीत मधुर
चुप-चुप हँसते हैं फूल कि बुलबुल बोल रही

प्राण में ज्वाला, नयन में नीर है
ज़िन्दगी तूफ़ान की तसवीर है
तोड़ सकता है न जिसको वज्र भी
प्यार ऐसी रेशमी ज़ंजीर है

भीड़ है, फिर भी डगर सुनसान है
विश्व परिचित है, मगर अनजान है
चार आँसू, एक फीकी-सी हँसी
हर बटोही का यही सामान है

'स्वप्न' से कहदो कि वह साकार हो जाए
'तार' से कहदो कि वह झनकार हो जाए
मैं तुम्हारी सीढ़ियों पर पाँव रखता हूँ
'रोष' से कहदो कि घुलकर प्यार हो जाए

रागिनी अच्दी कि वह जितनी सुहानी हो
वेदना अच्छी कि वह जितनी पुरानी हो
ज़िन्दगी अच्छी कि जितना जोश हो उसमें
मौत अच्छी है कि वह जितनी दिवानी हो

बीन वादक की, मगर है रागिनी सबकी
फूल मधुवन का, महकती यामिनी सबकी
प्राण, तुमसे भी तुम्हारा रूप प्यारा है
चाँद अम्बर का, मगर है चाँदनी सबकी

दोहे

किसकी जय बोलें भला? किसको करें प्रणाम?
भ्रष्टाचारी भोर है, घोटालों की शाम।

धनी हुए दुगुने धनी, रंग और भी रंक,
धर्म विवादों से घिरा, राजनीति आतंक।

हर सपना घायल हुआ, टूटा हर विश्वास,
पतझर ही पतझर मिला, माँगा था मधुमास।

कला मनोरंजन हुई, खड्ग हुआ विज्ञान,
नंगी-नंगी सभ्यता, बिका-बिका ईमान।

मँहगाई आकाश पर, नैतिकता पाताल,
प्रजातन्त्र मण्डी बना, राजा हुए दलाल।

प्यासी खेती पुण्य की, ऊसर बरसा मेह,
सिकुड़ी-सिकुड़ी आत्मा, उभरी-उभरी देह।

प्यार गली का ठीकरा, रूप हाट का माल,
'बूढ़ा बंस कबीर का उपजे पूत कमाल'।

उगना नए प्रभात का था सूरज का काम,
अखबारों में छप गया लालटेन का नाम।

सुरसा जैसी योजना ज्यों-ज्यों करे प्रसार,
हनुमान जैसा करे, बेकारी विस्तार।

बिना पढ़े तो रह गए बिन पानी के कूप,
पढ़े-लिखे बनने लगे अहंकार के स्तूप।

गंगा मैली हो गई, देश हुआ बदनाम,
लिख डाली आधी सदी घोटलों के नाम।

सत्ता की घुड़दौड़ का क्या होगा परिणाम?
दल सारे दलदल हुए, घोड़े बिना लगाम।

जिनके स्वागत में कभी बिछे करोड़ों नैन,
उनके स्वागत के लिए हथकड़ियाँ बेचैन

प्रथम बार तालाब पर देखा तेरा रूप।
देह धरे जैसे खड़ी सुबह-सुबह की धूप॥

स्वप्न-परी चलकर स्वयम् आई मेरे पास।
नन्दनवन का लिख गई अधरों पर इतिहास॥

दिशा-दिशा को दे गया न्योता चपल समीर।
चाँद-कटोरे में निशा बैठी लेकर खीर॥

भँवरोंवाले नद-नदी किए तैरकर पार।
तेरी आँखों में मगर डूबे बीसों बार॥

कितना भावातीत था, कितना शब्दातीत।
आँखों से हमने सुना आँखों का संगीत॥

दोनों के तन दूर थे, दोनों के मन पास।
सीता का वनवास था सही राम वनवास॥

परियों जैसी कल्पना, गन्धर्वों से बोल।
हीरे-मोती चकित हैं, कवि कितना अनमोल॥

साथ हवा के उड़ गए फ़रमानों के छन्द।
सदियों पर शासन करे कवि का लिखा प्रबन्ध॥

धन, सत्ता, वैभव, ठसक, सबकुछ तेरे पास।
मेरे हिस्से लेखनी, लिखने को इतिहास॥

हत भाषा है भाव क्षत, छन्द रहे धिक्कार।
कविता से कविवर बड़े, उनसे बड़ा प्रचार॥

बिजली ठण्डी-सी लगे, दावानल भी मन्द।
विद्वेषी से पूछिए जलने का आनन्द॥

पैसा, सत्ता, कुर्सियाँ, फोटो और प्रचार।
निरावरणता है कहाँ? ओढ़े हैं अखबार॥

लाज घेल कर पी गए, हुए स्वार्थ में मग्न।
शील तुच्छ, सौजन्य लघु, सबसे बड़े कृतघ्न॥

संकट की ही जड़ रहे हर युग में धन धाम।
हम सब तो इन्सान हैं, संकट में हैं राम॥

अगर बढ़े होते नहीं दाँत और नाखून।
मन्दिर-मस्ज़िद तक भला कैसे आता खून॥

चोर-लुटेरे हैं खड़े धन दौलत की राह।
सरकारें हैं छीनतीं जीने का उत्साह॥

रातों तक ही ठीक है, दिन में स्वप्न न देख।
पढ़ गाथा संकल्प की, लिख पौरुष के लेख॥

चाँद देख करके उठा सागर में उन्माद।
जगे पिता के वक्ष में ज्यों बेटे की याद॥

गरुड़ासन से माँगता गरुड़ यही वरदान।
रहें सलामत पंख ये, ऊँची रहे उड़ान॥

मावस चरण पखारती, पूनम करती प्यार।
नील गगन-सी ज़िन्दगी पाऊँ बारम्बार॥

पुरखों के ही बीच कल होगा अपना चित्र।
चित्र-चित्र को देखता कैसा दृश्य विचित्र॥